6個月訓練課程
馬拉松完走
不是夢

LH
PUBLISHING
樂活文化

樂活文化編輯部◎編

Run! to Your Goal

42.195km。

感覺起來就像一段

沒完沒了的遙遠距離。

但是，只要有足夠的訓練時間，

這段距離絕非遙不可及！

就算沒有馬拉松的經歷，

就算平時運動不足，

只要穩穩當當地、慢慢一步一步來，

累積訓練成果，

完走絕不只是個夢想！

本書訂出六個月的訓練期，

逐步引導讀者進行必要訓練，

正是一本以全程馬拉松完走

為目標的訓練導航書。

只要六個月
完走不再是夢想
你想不想體驗
全程馬拉松完走的充實感

訓練計畫的內容，以
「無論如何都要完走！」
為目標，
並以安全跑完全程為大前提。
當然，要是行有餘力，
也可增加個人訓練課程，
以求達到更高的境界。

書中的計畫，
不僅僅帶領讀者著重於
鍛鍊跑步的技巧，
還會一邊進行提升肌力的訓練，
讓人能在毫不勉強的情況下，
鍛鍊出足以
跑完全馬拉松的充沛體力。

E　　N　　T　　S

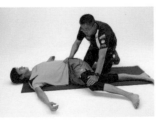

E N T S

C O N T

Chapter 4
23 ▶ 24 week

FINISH

首先要掌握思考模式與重點！
6個月訓練計畫的期許

六個月就能跑完全馬拉松？有這麼簡單？有這種想法的人或許不少，
但在此推薦各位的正是既安全又有效率的訓練Know How！

分階訓練的觀念

從這裡開始，將開始進行以競賽為目標的訓練內容。這個時期的目標，就是要透過訓練，找出自己在正式參加馬拉松大賽時，最適合身體特性的步調。

Chapter : 3
實踐性訓練期
【 15～22週 】
p.097-120

當跑步已經自然地成為生活的一部份，接著就是要打下馬拉松跑者的基礎。慢慢跑也不要緊，以讓身體習慣長時間跑步為目的。

Chapter : 1
基礎建構期①
【 1～6週 】
p.015-042

剛開始的一個半月「首先要讓身體習慣運動！」這就是本階段的主要目的，將跑步融入日常生活作息中，用心讓它成為生活的一部份。

Chapter : 2
基礎建構期②
【 7～14週 】
p.043-065

Chapter : 4
賽前調整期
【 23～24週 】
p.121-141

正式開跑前的兩週是調整期。持續適度的日常跑步練習，但要把練習量降低。讓長時間鍛鍊下累積的疲勞充分消除，避免激烈訓練。

為了跑完全馬拉松，進行計畫性的訓練相當重要。由於全馬的距離不短，所以要循序漸進地提升等級，在安全的前提下進行練習。

瞭解『跑步要有計畫性！』的觀念

馬拉松，既不能急就章地先跑再說，也不能馬馬虎虎地「有跑就好」。為了跑完全馬拉松，進行計畫性的訓練相當重要。由於全馬的距離不短，所以要循序漸進地提升等級，在安全的前提下進行練習。

而在計畫性訓練中，非常重要的是「分階進行」的觀念。在此，我們將6個月的訓練時間分成四個主題階段。各階段的主要目標分別為「基礎建構期1」→「基礎建構期2」→「實踐性訓練期」→「賽前調整期」，依序逐步提升等級。

進行計畫性、安全的訓練同時，還需要充份的休養生息。不限於跑步，在做任何運動前，適度的暖身運動都是不可或缺的步驟。

再者，於各期間進行的每週訓練內容，都是以安全地提高效果為前提，先明白這點再進行訓練，便能深一層瞭解訓練的目的，達到更好的效果。

6個月訓練計畫的重點

POINT 1

透過4個階段的練習，逐漸提升等級

最重要的觀念，就是「分階進行」。這是一種透過提升訓練的強度，讓身體逐漸習慣的安全訓練規範。到了「賽前調整期」，練習內容會反過來變得較輕鬆，這是因為有了日積月累的成果，所以要進行調整，也是一種技術上的升級。

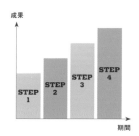

成果 ← 縱軸

STEP 1　STEP 2　STEP 3　STEP 4

期間 ← 橫軸

POINT 2

各週的訓練內容都可自行調整

本書中的訓練課程以週為單位設計，反覆進行訓練。比方說，自基礎建構期①進行到下一階段時，如果覺得該週的訓練內容太重，可以退回進行上週的練習內容，等到完全習慣了再進一步。

等到有餘力了
再前進
下一步！

POINT 3

跑步是一種鍛鍊，休息一樣是一種鍛鍊！

不光只是運動，休養生息也是鍛鍊過程中重要的一環。因為跑步和肌肉運動而累積出疲勞的肌肉，會在經過休養後，變得更加強韌。反覆進行運動與休養，才是鍛鍊身體的根本。

POINT 4

跑步前後要進行暖身及緩和運動

滿腦子光想著趕快開始跑步，經常會忘記跑之前要先做暖身運動，跑之後要做緩和運動。但是，想要安全地繼續跑下去，這兩項是極為重要的必需步驟。每次跑步前後，都要注意別把它們拋在腦後了！

訓練過程的循環

在激烈運動後的隔天，發現肌肉疲痛不已的情況很常見。這是重度運動帶來的反動，通常也會讓身體跟不上動作。因此，要是讓自己的身體持續進行負擔過重的跑步練習，將會無法順利完成長期的鍛鍊。基本的觀念就在於必須在進行主要的練習之間，安插輕度運動與休息。

例如在重度運動（跑步）後，要做一定的休養來讓身體放鬆，進行輕度運動（拉筋或健身運動），形成對身體的刺激，接著再回到重度運動。諸如這般設定長期的強弱步調作循環練習，正是能夠安全地持續進行鍛鍊的祕訣。

話雖如此，但工作、家庭生活，有時會讓人無法隨心所欲地依照步調進行。像是中斷練習後的隔天，先預留一天進行輕度運動來調整狀態，隔天或再隔一天再開始跑步。要細心地調整狀態，讓身體重新 找回訓練步調。這份用心，正是成為一名優秀跑者的成長之道。

休養‧營養

反覆進行「輕度運動」→「重度運動」→「休養」的循環，就能在不造成身體負擔的情況下達到鍛鍊成果。把這個觀念導入每週的訓練課程中，就能安全地進行長期的跑步訓練。

輕度運動

重度運動

春夏秋冬、氣溫變化亦需多加注意
考量四季中的體能狀態

六個月的時間絕不算短，這段期間內不可避免地會碰到換季，因此，
妥當地應對季節的更迭，是在持續進行長期鍛鍊時的重要因素。

春夏
Spring-Summer

這段期間日照強烈，除
了注意氣溫外，還要小
心防護紫外線的侵襲。

POINT 5

強烈的日照是傷害肌膚的殺手！別忘了要小心防曬

肌膚的可怕殺手——紫外線。在日照強烈的季節裡，千萬不能忘了小心保護皮膚。在春夏季的大太陽底下跑步時，防曬乳霜將是能發揮出莫大功用的重要用品。長時間訓練時，帶在身上更方便隨時使用。

POINT 1

採取30分鐘為一段落的短時間訓練

中午到午後這段時間，只要是好天氣，日照會變得強烈，氣溫也很容易飆高。在這個時段裡跑步，會輕易耗損掉許多體力，這種情況下，只進行約30分鐘一段落的跑步就好。建議多選在早晨等涼爽的時間帶進行訓練。

POINT 4

酷熱的夏季，不妨選擇夜跑！配有反光條的服裝令人安心不少

白天日照強烈，早上又起不來……有這類困擾的人正好可以試試夜跑。下班回家路上、回家後等時間帶，都能夠避開強烈的日光進行跑步。就安全的考量上，需穿著配有反光條的運動服才好。

POINT 3

選購運動衣必須顧及透氣性，運動帽也要準備齊全

夏天是很容易讓人揮汗如雨的季節，正確選購夏季運動服自然相當重要。為了預防曬傷、中暑，運動帽也不可少。近來的運動衣，大多使用吸汗、速乾型的高機能質料製作，各位不妨多瞭解這種能夠輔助運動的機能款式。

POINT 2

切莫忘記補充糖份及水份！運動飲料是最好的選擇

一說到糖份，很多人免不了擔心高卡路里的問題，但糖份是運動時所必需的能量來源，非常重要。此外，也不能忘了補給水份，建議大家選擇含有適量糖份及鹽份的運動飲料作為補給。

進行訓練時，要把季節、氣溫等環境變化考量在內

只要天候不是太惡劣，一年四季都能樂在其中，可說是跑步運動的魅力之一。不過，以參加競賽為目標，持續進行長達六個月的鍛鍊時，自然會碰到季節交替等等的變化。

比方說，春天就是最適合開始跑步的季節，但是，日照變得強烈，也就表示紫外線也跟著強烈起來。萬萬不可輕視曬傷的可能性，必須小心保護肌膚。

一旦入夏，除了用運動帽來遮擋陽光之外，要選擇具吸汗效果又易乾的高機能型運動服，才能好好享受跑步時光。

由秋轉冬時，若在身體冷得不靈活的狀態下，冒然提高跑步的速度，很容易就傷到身體。因此冬天在運動前後的暖身及緩和運動，要比春夏季時來得更重要。

再者，像秋冬這種涼爽的季節，也是馬拉松大賽頻繁的盛季。為避免因為感冒等毛病而打壞身體狀態，跑步時防寒配件也成了必須注意的重點。

秋冬 Autumn-Winter

涼爽的秋冬跑起步來特別舒適。馬拉松大賽也於這個時期舉辦。

POINT 4
到了大賽頻繁的旺季，要注意有所節制！

涼爽適跑的秋冬季，自然是馬拉松大賽的旺季。一到週末，日本全國各地都會舉辦大小賽事。有些時候一心想著「我要參加比賽！」，就會連續參加好幾場大賽，但跑馬拉松的話，最少也要間隔一個月再參加。如果是不及馬拉松那麼長的距離，也得間隔兩星期才可以再度出賽。

POINT 1
運用暖身運動來拉開僵硬緊繃的肌肉

氣溫較低的季節，也是身體肌肉容易僵硬、緊繃的時期。想讓肌肉能順暢地運作，必須化費比平時更多時間。因此，這個時期必須比氣溫大多較高的春夏季更用心地進行暖身運動。一開始先在家裡做好充份的暖身運動，才開始到外面走路。

請參照P48起的拉筋體操

POINT 3
開始跑步前，喝點熱飲暖暖身體再到屋外活動

利用溫熱的飲品，先暖過身體後才開始跑步，是低溫季節時的好方法。較濃的湯類、含有糖份的可可等等，能夠長時間維持體溫，跑步前來上一杯準沒錯。

POINT 2
備好防寒用品，就算大冷天也能舒適地跑步！

即使外頭氣溫較低，一旦到外面開始跑步，身體自然會溫暖起來，開始流汗。這時，想要維持良好體能狀態，就必須注意汗冷掉的問題。身上除了要穿防風外套之外，還要適時使用手套、圍脖等用品。

輕輕鬆鬆就能做的運動，平常也可隨時進行
日常生活中就能進行的訓練

在通勤、通學等日常生活中，隨時進行肌肉訓練的話，
在不知不覺間就能大幅提升肌力，跑起步來更得心應手。

牢記事半功倍的訣竅——
隨時都要動動身體！

「平常太忙了，實在擠不出可以訓練的時間……」生活繁忙的人想必不少，其實，只要在日常生活中積極地動動身體，就能提升肌力不少。像是不走車站裡的手扶梯，盡量爬樓梯；提早一站下車、搭車時不就座等等，都是能提升腿部肌力的好方法。

對運動不足的人來說，最重要的第一步就是讓身體習慣運動＝將運動融入生活中。在公司也好、在家裡也好，別放過每天生活中能夠鍛鍊基礎體力的任何機會，要記得一有時間就隨時動動身體。

Part 01
通勤·工作場所篇

活用捷運、電車上的吊環

搭乘電車時，不妨刻意不就座，拉著吊環站好。這時如果能保持踮起腳跟的站姿，不但能夠鍛鍊小腿的肌力，還能提升平衡感。

Zoom UP!

上下樓梯

在上下車站、自家的樓梯時，也能自然而然地訓練肌力。打直背脊，挺起正確的姿勢，上樓梯時大腿抬得更高一點，下樓梯時則加強動作的韻律感。

進行桌面作業時

坐在桌前時可以悄悄進行的訓練。抬高小腿把膝蓋打直後再放下。這時，要刻意使用大腿正面的肌肉，以10次為一組地進行。

Level UP!

等到這個動作不成問題時，進一步把手壓在腦後，兩腳一起抬高後放下。同時訓練兩腳，能多運用到腹肌肌肉。

Part 02

日常生活篇

走路時用心保持正確的姿勢

通勤、通學時，要挺直身體用正確的姿勢走路。揮動手臂、挺直背脊，盡量讓身體動作。眼睛要直直看向前進的方向。（見P24）

騎單車出門也是一招

出門到稍遠的地方買東西時，不妨也捨棄開車改用單車代步。騎單車可以確實鍛鍊大腿肌肉和腿力，單車的負擔小，騎遠一點效果更好。

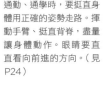

短暫的閒暇就來拉拉筋吧！

除了日常生活外，在公司的桌面作業之餘，也要常常拉筋來伸展身體。就算只有一會兒，也能增加身體的柔軟度，讓動作更加順暢。

活用寶特瓶 ①

這次一樣是用寶特瓶，用兩手捧住兩端，自身體腹部前方舉至與肩齊高。反覆進行，能夠鍛鍊跑步時手臂往前揮動會用到的肌肉。以10次一組為單位進行。

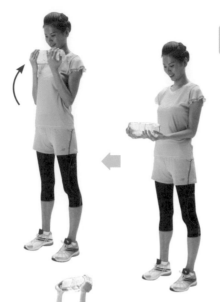

Level UP!

習慣後可以不必兩手一起拿，改由單手進行，增加肌肉負荷。左右手交替進行，以10次一組為單位。

活用寶特瓶 ②

一邊正在欣賞喜歡的影片，妥善運用小空檔來進行鍛鍊。把寶特瓶從腦後往頭上舉高，就能訓練到跑步時手臂往後揮動會用到的肌肉。以10次一組為單位來進行吧！

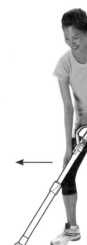

在家使用吸塵器時也能達到訓練效果

打掃房子可說是不可多得的鍛鍊機會。一邊推動吸塵器，一邊讓大腿刻意使力往前、往後壓低身體。要記得不時兩腳交替踩在前面。

Level UP!

要是還有餘力，就不要只是坐著，站起來拉筋，能夠額外運動到腹肌一帶。

1 ▮▮ 6 week

從正確的站立、跑步姿勢開始

用慢跑來打造身體！

用慢跑來打造身體

在此要著手的是從正確的站姿，做出正確的跑步姿態，
才能再進一步進入跑步階段。跑步的根本就從矯正姿勢開始，
除了平時欠缺運動的人要多加努力之外，希望已經進入跑步階段的人，
也能回顧基本的站姿，力求正確。
接下來就要開始朝向以「慢跑」為目標的第1至6週的訓練內容！

首先以步行為主
讓身體逐漸習慣運動

平日 （每週1～2次） 每週進行一次的人，就從中選出想試試看的訓練課程吧！	**【1】** **慢步走30分鐘** 背脊要挺直，保持優美的走路姿勢，要記住這是在鍛鍊身體，以充滿韻律的方式運動身體。 可利用通勤的時間來進行此項訓練。
	【2】 **快步走20分鐘＋慢跑10分鐘** 持續快步走路20分鐘，等到身體已經開始冒汗了，就慢慢加速到慢跑狀態，小心別一下子跑得太快了。
週末（一天）	**步行40分鐘** **（交替進行慢步走與快步走）** 交替進行悠閒的慢步走與緊湊的快步走，當運動量較大的快步走造成發汗時，就轉成慢步走，等到身體步調慢下來後，再度轉為快步走。
休息	**拉筋＋散步等等** 拉筋訓練的負荷量小，基本上不構成問題（見P30）。為了養成運動的習慣，在早餐之類的日常例事前後都去散散步，散步中可停下來進行簡單的拉筋。

首先的訓練課程，從以步行為中心的運動開始。說不定會有人覺得「從走路開始訓練，哪來得及參加比賽？」，但請切記，操之過急乃是大忌。先以步行為主，逐步搭配跑步，在正式開始跑步前，讓人習慣運動，正是此階段課程的目的所在。

※基本訓練
慢步走基準：13分／km
快步走基準：10分／km
慢跑基準：10分／km

※參考頁面
慢步走→見P24
快步走→見P26
慢跑→見P28

在開始跑步、走路之前的基本
正確的站姿，
才能造就正確的跑步方式！

跑步當然不在話下，就連走路的基本，都來自於正確的「站立」姿勢。
能夠站的穩當、正確，才能夠發展出正確的姿勢。
等到能夠掌握正確的姿勢了，才能開始做步行運動。

【 BACK 】　　　　　　　　【 FRONT 】

視線要筆直往前
視線要打直看向前方，
焦距放遠一點。往下
看經常就是造成駝背
的原因之一。

挺起胸膛
保持輕鬆的姿態，把
鎖骨以下的胸口部份
往上挺，就能自然地
挺起胸膛。

腳尖向前
跑步時，腳尖筆直向前
是很重要的事。站立時
當然也一樣。

背部肌肉要用力
為了讓背脊徹底打直，
背部的肌肉必須稍加
用力。

基本中的基本，就是「站立」的學問！

在日常生活或工作環境中，常常不自覺駝背、東靠西靠，身體呈現出非常糟糕的姿態。

面對接下來的跑步大計，要是連最基本的正確站姿都沒有，不論是步行、後續的跑步，都是從正確的站姿開始。

階段，將會無法讓身體作出正確的形態。

要是將就著用糟糕的習慣去做步行或跑步，會浪費多餘力氣去驅使肌肉或是該用力的地方卻使不上力等等，產生許多不良影響。為了能順利地進行長期鍛鍊，首先最重要的就

×NG!

除了駝背之外，經常可看到這種很不適當的站姿。膝蓋往前凸出，視線往地上看，頭部也低垂在身體前方。

打造正確姿勢的四個步驟

達到正確站姿的訣竅，就如上頁所列，
但實際上究竟應該怎麼做，才能做到正確的站姿呢？

01 腳尖朝向正前方

首先什麼也不想地試著站好，接著看自己的腳。把腳尖的方向調整至朝正前方，要是能在穿衣鏡前站著看看，就更能一目瞭然。

往下看自己的腳尖，許多人會意外地發現自己的腳尖並不是筆直朝前。仔細地修正往內或往外的腳尖方向吧。

02 試著左右搖晃身體

兩腳的大腳趾根部用力，讓腳板貼在地板上，然後左右搖晃身體。確認出自己的重心位置，一邊降低搖擺的幅度和力道，直到身體自然取得平衡，恢復靜止狀態。

Zoom UP!

03 回轉手肘來挺起胸膛

確立出身體的重心後，手肘彎曲抬高，由前向後回轉，這樣能放鬆肩胛骨，同時在胸部擴張至最大的狀態時放下手肘。

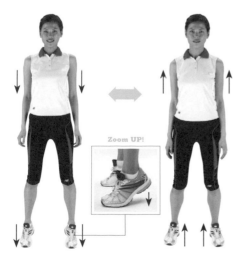

04 運用肩膀和腳尖來放鬆身體

最後為了讓身體放鬆，先兩肩用力同時踮起腳尖，接著腳板放回地面，肩膀同時放鬆。

等到能夠做出正確的站姿後⋯⋯
從正確的步行開始，
發展出正確的跑步姿勢！

能夠達到正確、優美的站姿後，馬上就來試試進階內容——『步行』吧！
同時在這部份也將解說步行與跑步的關連性。

能用
正確的姿勢
站好後⋯⋯

我從
步行開始！

為什麼走路姿勢正確很重要？

好想跑步！請先把這樣的熱情放在一旁，
之所以要從步行開始，當然有它的原因所在！

步行能讓身體習慣運動
和跑步也具有極大的共通點

可別以為只不過是走路而已，就輕忽了它的重要性。步行是最適合用來培養體力的運動。和跑步間的共通點又多，能夠幫助人打從根本學會理想的跑步姿態。

用心保持正確的姿勢去走路，自然就能順暢地升級進入跑步階段。

對運動經驗不多的人來說，突然開始跑步，不但很快就會感到疲勞，更不可能進行長時間的跑步。此時，就得從任何人都能做好的步行運動開始，輕鬆自然地進入訓練課程。

原因一 ▶ 打好跑步姿勢的基礎！

Running　　Walking

Check
步行和跑步的動作基本上大致相同！

手臂大幅度往後擺動，腳往前踏出。這個動作和跑步是相同的，當然，整個動作間，背脊都得保持筆直。步行的動作較慢，所以能夠輕易地達到正確的姿勢，預先習慣跑步的動作。

原因二 ▶ 步行是能夠輕鬆長時間進行的運動！

輕輕鬆鬆，毫不費力！　　只是步行的話，就能持續相當一段時間！

長時間驅使身體動作，能夠間接提升跑步時不可或缺的肌力。此外還能加強身體的持久力，在鍛鍊的初期，積極加強步行運動是很重要的觀念。

突然開始跑步……

馬上就累癱了

13分／km

先以輕鬆的步調進行
從慢步走開始訓練

雖說一樣是走路，但慢步走和步調緊湊的快步走，動作仍有不同。
一開始先從「悠閒版」開始，打下正確步行的基礎。
請牢牢記住「慢步走」的正確方式！

POINT 2
踢出去的那隻腳，
記得膝蓋要打直

POINT 1
背脊要挺得筆直

SIDE

FRONT

POINT 4
兩手臂要自然伸展，
注意手肘不可彎曲
步行時手肘不可彎曲，讓手臂
在放鬆的自然狀態下打直擺動。
手肘彎曲的話，不但會變成下
一頁解說的「快步走」，肩膀
也容易不自覺地用力緊繃。

NG!

OK!

POINT 3
骨盆要隨著腳的動作
大幅往前凸出（左腳）

首要是放鬆
但同時也是「鍛鍊」

放鬆身體，適度放掉力氣地自然走路，就是「慢步走」的基本。步調基準可抓在大約在13分/km左右。除了運用於週末的散步，還可以在日常生活的通勤、通學時間，自在地進行。

話是這麼說，全身鬆垮垮、慢吞吞地走路可不是這裡指的「慢步走」。慢步走的姿態特點如下圖所示。同時，心裡還必須意識到「這也是鍛鍊的一環」。如果能時時抱持這個重點，相信就不會走得七零八落了。鍛鍊的初期，就以持續慢步走30分鐘做為目標吧！

盡可能穿著慢跑鞋、走路鞋等運動用的鞋款，絕對不能穿走不了多久就會累的鞋子。前進時大幅擺動手臂也是重點。像是通勤等一定會攜帶包包、東西的情況，不妨活用後背包來解決問題。

放鬆身體，輕鬆又悠閒的步行運動。背脊要打直，手肘自然伸展出去。視線往正前方看，以正確的方式進行。

就像走在一條線上似地，看著前方，重心放在往前踏出的腳上。視線一定要朝向正前方，注意力不是放在腳上，而是「骨盆往前帶動」的動作。

POINT6
骨盆要隨著腳的動作大幅往前凸出（左腳）

POINT5
著地時需特別小心
自腳跟開始順暢著地
著地時，必須特別注意由腳跟落地。由腳跟→腳板→腳尖→往後踢地面，依序順暢地移動體重。

往後踢

穩定地著地

10分／km

稍稍提高等級……

學會緊湊的快步走！

懂得怎麼悠閒地慢步走後，就要來學習快步走了。
兩者之間從姿勢到基本動作都不同，同時對照前頁的解說，
在實踐動作時充份掌握不同的特點！

POINT 2

利用著地的腳
控制身體的體重

POINT 1

用力地往前踏，
腳要直直地往前伸出去

SIDE

FRONT

POINT 6

腳往前筆直踏出

POINT 7

手臂像是在畫八字形
般擺動

POINT 5

把手肘大幅度往後抽的同時
肩膀要注意放鬆

彎曲手肘，手臂像是大力往後揮似地擺動，
這是快步走時的重點之一。不過，手肘保
持彎曲的同時，肩膀很容易就不自覺地用
力，必須多加小心。時時都要記住放鬆肩
膀多餘的力氣，才能『緊湊』地完成快步走。

NG!

OK!

用心做出大幅度的動作
骨盆要確實往前扭轉

和慢步走相比，「快步走」是一種動作擺動幅度大上許多的走路姿態。更為接近正確的跑步姿勢，是它與慢步走最大的相異處。

和前頁的圖示相比就能一目瞭然，最大的不同點，就在於手肘彎曲的部份。這個動作讓走路時不只會運用到腳部來，而是從骨盆開始把腳往前踩出去。

此外，在步幅上也比慢步走要大上許多。還有就是照片中較難分辨的特點──步調，快步走的步調緊湊了不少。和慢步走的13分／km相比，快步走的基準達到10分／km。較大的步幅，自然會直接影響時速。

話雖如此，快步走和慢步走仍然有些共通點，像是走路時背一定要挺直等等，都和慢步走時相同。

從側面看，就能清楚分辨出和慢步走時的不同。步幅不但較寬，手肘的擺動也更大，同時手肘屈起呈直角。

從正面看，快步走彷彿像在跑步一樣。由於加快了速度，要更注意身體的重心分配。

POINT 9

配合慢跑的步調來走路

下一頁將解說的「慢跑」，可將步調的目標設定得和快步同樣，以10分／km為準。此階段時，不妨請跑友在旁陪同慢跑，自己則以同樣的步調走路，將能更快掌握快步走的訣竅，這是相當值得推薦的快步走訓練法。

基準放在10分／km。速度仍算相當緩和，不妨和朋友一邊聊聊天，輕鬆地進行。

POINT 8

用力地往前踏，腳要直直地往前伸出去

10分／km

從走路進行到跑步
進階挑戰慢跑

終於要進階從走路升級到跑步了！話雖如此，
一開始還是先慢～慢地跑，讓身體習慣「跑步」吧！

POINT 4
往後踢的
腳要打直

POINT 3
腰是不是往下垮了？
→見P108

POINT 2
自腳跟開始
順暢著地

POINT 1
用力挺直背脊

SIDE

FRONT

POINT 8
視線筆直朝向前方。注
意避免不自覺往下看

POINT 7
注意步幅的大小！
跨得太寬，速度會變得太快……

為了達到慢跑的效果，將步幅控制
得小一些，是重要的訣竅所在。步
幅變大的時候，速度自然會變快，
因而失去慢跑的鍛鍊效果。

步幅大

NG!

步幅小

OK!

不要急著開始跑步 耐心地壓低速度也很重要

藉由對身體負擔較小的步行運動，讓身體習慣長時間運動後，接著就可以開始挑戰跑步了！但是，一開始就大幅提高速度，會造成過大的負荷，一定要注意身體狀態，慢慢循序漸進。

步調先以10分／km為目標，和前一頁的快步走相差無異。不必心急，從慢跑開始就行了。如果跑沒多久就開始喘氣，把步調放得更慢一點也沒關係。

能夠無礙地持續快步走20分鐘以上時，就表示可以進入慢跑階段了。不要勉強自己，行有餘力地慢慢調高鍛鍊等級，是有效進步的竅門。

假設以10分／km的步調跑步，覺得「輕鬆就能達成」時，很容易會忍不住加快速度。但是，在慢跑階段中，壓低速度跑步也是鍛鍊的一環，還請大家多加用心，控制好預定的步調。

POINT 5
步幅要小而俐落

POINT 6
注意手肘要像往後抽一樣擺動

背脊要挺直等部份和步行運動相同，但往後踢的腳要打直等特點，則和步行完全相異。

身體的軸心要直，視線落點在正前方。往前踩的腳，注意要直直地伸展出去，不可往內傾斜。

POINT 11
手臂擺動時，幅度要小且動作須俐落富有韻律感

擺動手臂的速度加快，並注意手肘往後揮的幅度要小。幅度太大時，會使腳的步幅也跟著變寬，慢跑的速度變快，整體動作像跳躍般，逐漸偏離正確的姿態。

手臂的擺動 大

NG!

手臂的擺動 小

OK!

POINT 9
軀幹的軸心要打直

POINT 10
膝蓋不可往內傾斜，必須讓腳直直地著地

慢跑時會用到的是哪些肌肉呢？
來鍛鍊特定肌群

對跑者特別重要
的肌肉圖解

慢跑時會用到全身各
處的肌肉，其中幾個
肌群尤其重要。先瞭
解哪些肌肉是「慢跑
時不可欠缺的戰力」，
在進行次頁介紹的肌
肉訓練時，將更能事
半功倍！

【 FRONT 】

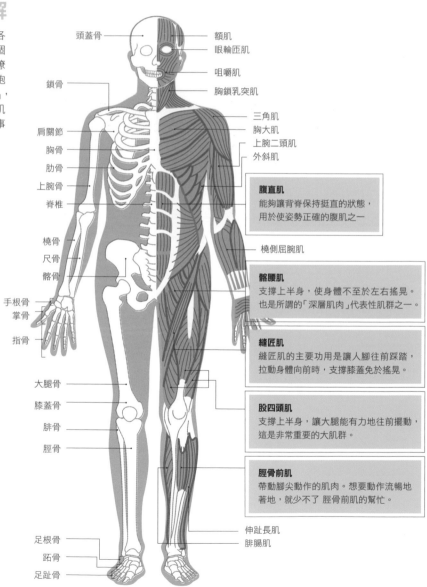

頭蓋骨

鎖骨

肩關節
胸骨
肋骨
上腕骨
脊椎

橈骨
尺骨
髂骨

手根骨
掌骨

指骨

大腿骨

膝蓋骨

腓骨

脛骨

足根骨
跖骨
足趾骨

額肌
眼輪匝肌

咀嚼肌

胸鎖乳突肌

三角肌
胸大肌
上腕二頭肌
外斜肌

腹直肌
能夠讓背脊保持挺直的狀態，
用於使姿勢正確的腹肌之一

橈側屈腕肌

髂腰肌
支撐上半身，使身體不至於左右搖晃。
也是所謂的「深層肌肉」代表性肌群之一。

縫匠肌
縫匠肌的主要功用是讓人腳往前踩踏，
拉動身體向前時，支撐膝蓋免於搖晃。

股四頭肌
支撐上半身，讓大腿能有力地往前擺動，
這是非常重要的大肌群。

脛骨前肌
帶動腳尖動作的肌肉。想要動作流暢地
著地，就少不了 脛骨前肌的幫忙。

伸趾長肌
腓腸肌

利用拉筋和肌肉訓練

【 BACK 】

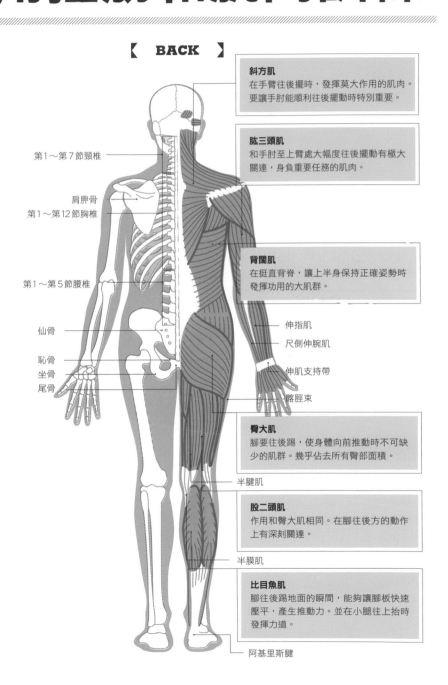

斜方肌
在手臂往後擺時，發揮莫大作用的肌肉。
要讓手肘能順利往後擺動時特別重要。

肱三頭肌
和手肘至上臂處大幅度往後擺動有極大
關連，身負重要任務的肌肉。

背闊肌
在挺直背脊，讓上半身保持正確姿勢時
發揮功用的大肌群。

臀大肌
腳要往後踢，使身體向前推動時不可缺
少的肌群。幾乎佔去所有臀部面積。

股二頭肌
作用和臀大肌相同。在腳往後方的動作
上有深刻關連。

比目魚肌
腳往後踢地面的瞬間，能夠讓腳板快速
壓平，產生推動力。並在小腿往上抬時
發揮力道。

第1～第7節頸椎

肩胛骨
第1～第12節胸椎

第1～第5節腰椎

仙骨

恥骨
坐骨
尾骨

伸指肌
尺側伸腕肌
伸肌支持帶
髂脛束

半腱肌

半膜肌

阿基里斯腱

從鍛鍊的根本階段開始
基礎肌肉訓練

在 P16 的訓練課程中的休息日等等，每週至少要進行一次的肌肉訓練。
能夠全套作齊是最好，但要是負擔太大，從中選幾個進行也無妨。

讓手掌平貼在
大腿上移動

01 強化腹肌的肌肉訓練

仰躺在地上，屈起膝蓋並將手掌平貼在大腿正面。
注意力集中於腹肌，慢慢抬起上半身，配合上半
身的動作，手掌保持平貼大腿往膝蓋方向滑動。
上半身抬起至兩手快到達膝蓋部位時就算完成動
作。10 次一組。

Level UP!

膝蓋著地，讓腳尖懸空
地進行伏地挺身，是更
進階的訓練方式。能對
腹肌形成較大的負荷。

進行時，視線要
朝向正前方！

Level UP!

在大腿上移動的手掌，放得更離腰部一點，抬起
上半身時讓手掌超過膝蓋處也無妨，增加上半身
抬起的角度，能對腹肌產生更大的鍛鍊效果。

02 鍛鍊手臂肌群的肌肉訓練

手掌撐在地面上，呈現四肢著地的姿勢，取得平
衡後，打直腰桿慢慢地彎曲手肘，壓下、抬起身
體，進行和伏地挺身相近的動作。臉要保持朝向
正前方。以 5 次為一組，進行兩組運動量。

03

一邊注意背部
肌群的動作

鍛鍊背部肌群的肌肉訓練①

俯趴在地上，用兩手手肘稍微撐起身體，視線自然
地朝向地面。伸展手臂，用背部的肌肉來抬起上
半身，反覆抬起、放下。用力抬高上半身時，注
意臉要跟著抬起來，讓視線隨之看向正前方。進
行 10 次 1 組的訓練量。

動作要富
韻律性

04 鍛鍊背部肌群的肌肉訓練②

俯趴在地上，兩手臂往前伸展。臉部抬高，注意
力集中於背部肌群，接著同時抬高右手與左腳，
不必勉強，抬至能力可及的高度即可，放下後換
抬左手與右腳。以10次為1組。

05 鍛鍊大腿根部的肌肉訓練

不要急，
動作要慢慢來

讓身體側面著地，以手肘撐住頭部，呈現臥佛的姿勢。
右手放在身前，以自然為主。當身體的左側著地時，
左膝稍稍後彎，將右腳伸直抬高後再放下。視線要
長保朝向正前方，辦免不自覺地朝下。以10次為1組。

Level UP!

身體左側朝下時，把左腳擺前一些，
右腳稍稍後彎，接著就這個姿態抬
高伸直的左腳。同樣抬高後再放下，
就是這個訓練動作的升級版了。記
住視線要朝正面。

06 鍛鍊小腿肌群的肌肉訓練

只要有椅背般的高度，
撐在什麼東西上都不要緊

使用椅背或有腰部左右高度的東西來做輔助。兩手
扶在椅背上，抬高腳跟後再放下，做出反覆踮腳尖
的動作。不倚靠輔助用具的話，就是所謂的「站立
舉踵」訓練，但我們姑且先把手扶在椅背上，以輕
鬆地進行為主。10次為1組。

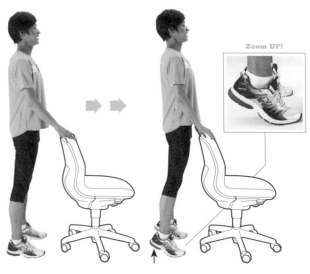

Zoom UP!

手臂保持
水平很重要！

背脊挺直，
視線朝正前方

常見的錯誤動作
是將上半身後
仰，膝蓋不自覺
往前凸，身體整
體地向後方傾斜。
這樣會對腰部產
生多餘的負擔。

如果以X型腳，
也就是內八的狀
態進行動作，大
腿的負荷度會變
小，失去訓練的
意義，同時也會
造成膝蓋的耗損

08

鍛鍊大腿肌群的肌肉訓練②

以半蹲的姿態將兩手臂往前伸直，
維持一段時間。保持姿勢時，注意
力要放在大腿肌肉上。除了視線必
須看向正前方，還要記得挺直背脊。
以維持15秒×2次為基準。

07

鍛鍊大腿肌群的肌肉訓練①

這個動作也就是所謂的蹲踞運動，但省略雙手交疊在後腦勺的動作，對
身體的負擔較小。兩腳跨開與肩同寬，採取自然的站姿。壓低身體到照
片所示的高度後，再恢復站姿。反覆進行，以5次為1組，進行2組。

09

擴張胸口，注意力
放在背部肌群

鍛鍊小腿和脛部的肌肉訓練

除了小腿一帶，脛部的肌肉也很難鍛鍊。首先做出
如照片中的姿勢，接著以腳尖畫圓，讓腳踝至腳尖
處都能充份運動。這是負荷度較小的肌肉訓練。以
20次為1組，進行2組訓練。

動作像是
在畫圓一樣

Zoom UP!

10

鍛鍊胸部與背部肌群的肌肉訓練

擴張胸口，手臂做出如右上照片般的姿勢。從肩膀開始往上
抬，接著往後轉，最後又回到胸前，讓胸部的肌群歷經一次
大擴張。進行時要把注意力放在胸部和背部的肌肉上。以10
次為1組，進行2組為準地試試看吧！

選出最適合自己的運動鞋

為了能跑得輕鬆舒適
找出一雙
命中註定的好鞋

跑步，並不受限於特定的用具及場地，
可說是隨時隨地就能馬上開始的代表性運動之一。
但是，還是建議各位能有一雙專為跑步而準備的合腳運動鞋。
不但是為了預防運動傷害，也為了更舒適的跑步時光，
萬萬不能看輕運動鞋的重要性。

命中註定的
這雙鞋，讓我
跑出最好的
成果！

1 買一雙合腳的運動鞋

跑步鞋和平常穿上街的休閒運動鞋不同，在進行慢跑運動時，能夠降低腳部的負擔，採取能讓人跑得更安全的設計。希望各位在開始跑步時，就能先準備好一雙慢跑專用的運動鞋。實際選購的時候，必須確認自己腳的尺寸，買到完全合腳的鞋款。太大、太小都不合用，硬是穿著不合腳的鞋子跑步，會造成腿部、腳趾疼痛，甚至成為運動傷害的原因之一。到運動鞋專賣店去，盡可能詳細地瞭解自己的雙腳吧！

除了腳板的長度，連寬度都得仔細測量。

在測量腳的尺寸時，不僅要注意長度，還要用軟尺包圍腳板，測出由腳板厚度和寬度形成的足圍。腳背的厚、薄，腳趾的形狀，都是挑選鞋款時的考量範圍之一。

足圍　腳長

運動用品店及各品牌的直營店裡，大多都備有能夠準確測量腳部尺寸的工具。善用這項服務，徹底測出準確的尺寸吧！

購買穿起來後，鞋帶孔左右對稱的鞋款！

測量出腳板的長度和足圍後，就可以找雙符合尺寸的鞋款試穿，這時，要仔細看鞋帶孔的排列位置。這也是鞋款到底能不能合腳的重要判斷依據。

穿在腳上，注意看鞋面上左右兩排鞋帶孔，如果像照片中呈現直線平行，就表示這雙鞋款確實合腳。

當鞋帶孔自腳尖往腳踝方向漸寬，呈現八字型的狀態，顯示這雙鞋子的足圍不合適。

2 選出符合自己等級的款式！

一進到運動用品店，難免會因為琳瑯滿目的各種慢跑鞋款而不知該從何挑起。這時很容易犯的錯誤，就是從外觀設計來挑選。當然，為了更享受慢跑，選一雙看了就開心的鞋款也無可厚非。但是，選出一雙符合目前等級需要的款式更加重要。大多數運動用品店，都會以「訓練階段用」、「比賽用」等各種主題來分類展示鞋款。看清楚賣場上的標示，先好好弄清楚哪些鞋款才適合自己目前的等級！

到了運動鞋的賣場，先看清楚標示

每家店都會以自己的方式來分類跑者專用的各種鞋款。訓練用的鞋款，有時甚至會標示成「安全款」，比賽用的鞋款則寫成「輕量款」，分類用的說法眾多。

初級跑者，建議可選擇鞋底較厚的訓練用款式

慢跑鞋大致上可分為兩種，一種鞋底較厚，在腳著地時能夠吸收衝擊力，減輕腳部的負擔，這種是「訓練用鞋款」；另一種的鞋底較薄，整體質地輕盈，利於發揮速度，也就是所謂的「比賽用鞋款」。

[練習用]　　　[比賽用]

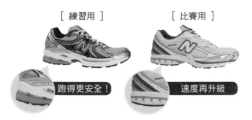

跑得更安全！　　速度再升級

選鞋的 3 大 重 點

善用各種鞋墊，能讓你跑得更舒適！

善用市面上可買到的各種鞋墊來調整鞋子，可以讓人跑得更加順暢舒適。Mueller 所出品的運動鞋墊，具有對應各種等級跑者的機能，能夠更妥善地保護腳部，值得選用！！

Mueller Japan
Http://www.muellersportsmed.jp
Http://www.sofsole.jp

Athletes' Performance Insole

配置在腳板前方和腳跟處的軟膠，能夠吸收著地時的衝擊力，有效地轉化為推動身體前進的力量。

Stability Performance Insole

由足弓支撐墊所帶來的安定功能，能夠穩定跑步時扭轉的腳部關節。

3 找到喜歡的款式後，先立即試穿看看！

穿起來舒不舒服、合腳與否、形狀等等，依各家廠商、款式而有所不同。測過腳的尺寸後，至少要試兩、三雙鞋子再來挑選。此外，鞋子是不時就得汰舊換新的東西，要買第二雙時，一樣要試過好幾雙才算準。不管是第一眼就喜歡的款式、各家不同的廠商等等，試的鞋款越多樣，找到最適合自己雙腳的「命中註定鞋款」的機會就越大！

試穿的步驟

① 先把鞋帶全部拉鬆

鞋帶要全都拉鬆，鞋口往兩側拉開，一邊拉住鞋舌，一邊把腳滑進鞋子裡。不可以偷懶只鬆開一半的鞋帶，然後硬把腳擠進去。

② 穿著鞋子敲一敲

腳踩進鞋子裡，記得在拉緊鞋帶前，要用腳跟在地上輕敲幾下，讓腳跟完全退到正確的位置上。如果腳的位置不對，光把鞋帶綁緊也沒有意義，一定要注意！

③ 鞋帶要從最下層開始依序拉緊

最後，從最底下開始一層層把鞋帶拉緊，鞋帶要是扭轉，鞋內會出現多餘的空間，所以在鞋帶穿過鞋孔時，要仔細地整理好再拉緊。

試穿時的檢查重點

- ☑ 足弓的部份會不會太緊
- ☑ 大腳趾或小趾會不會覺得頂到或擠到
- ☑ 腳跟會不會擠擠的
- ☑ 腳尖部份是否有壓迫感或感到太緊
- ☑ 會不會鬆鬆的，腳好像會滑出來似的
- ☑ 腳跟或腳踝有沒有哪裡卡到

避免傷害，安心跑步

跑步前後的暖身運動與緩和運動

開始跑步前要做暖身運動，跑完後則要進行緩和運動，想要避免運動傷害
又能持之以恆地跑步，就要記住這個重要的觀念。

逐步活絡身體機能 遊刃有餘地開始跑步

突然就開始跑步，會讓肌肉承受過大的負荷，形成肌肉痠痛等各種傷害性疼痛的原因。在開始跑步前先進行暖身運動，目的是為了慢慢地讓身體加溫，幫助關節、肌腱和肌肉的運作順暢，並提升神經的反應速度。

暖身運動大多以拉筋體操為主，其它如踏躍運動或跨步、側步等運動，則能讓心跳加快，達到重要的暖身效果。

PART 01

跑步之前：暖身運動

體會側面伸展
開來的感覺

01

**身體側面和
手臂肌肉**

兩手交握，手臂高舉過頭上，像是要讓側面伸長似地，把上半身分別往左、右傾斜。進行時，要一邊保持穩定的呼吸，慢慢地讓身體向一邊傾斜。左右各進行5次為一組。

視線看向
斜後方

03　背部肌肉

兩腳伸直坐在地板上。身體放鬆，兩手臂自然伸向兩側，上半身往左或右慢慢扭轉。視線要隨著轉身的方向移動，像是要往後看似的。左右各進行5次為1組。

把伸直的手臂
壓向身體

02

肩膀一帶①

把右臂抬至與肩齊高，往左邊平舉。右手則像照片所示範，曲起將左臂夾住，往身體的方向壓，維持一小段時間就能讓肩膀一帶的肌肉舒展開來。左右手個別進行，各維持10秒×5次。

Level UP!

保持將手臂壓在身體的狀態，扭轉上半身，這樣能更提升肩膀一帶的拉筋效果，大家可以一試。

進行時要注意
肩胛骨的動作

04

肩膀一帶②

左手臂往上伸展，彎曲手肘折向後腦方
向。右手扶住左手肘部往右邊拉，上半
身則往左邊突出後，保持靜止一段時間。
右側也做同樣的動作，左右手交替位置
進行。左右各10次為1組。

視線的方向
也很重要！

做個小跳躍
後腳往前踢

06

小腿與
大腿肌肉②

單腳站好，視線看向正前方。背脊要
記得打直，往上彈躍並把腳往前踢。
這個動作中，要把體重放在小腿上，
踢腳時注意力集中在大腿肌肉。左右
各10次為1組。

05

小腿肌肉①

兩腳跨開後，以右手觸碰右腳尖，將身體重心
放在左大腿上，動作保持穩定。視線看向左邊，
維持動作一會兒。換邊後進行同樣的動作，左
右各10秒×5次。

進行時臀部不要碰到地板！

07 腳踝與小腿

兩腳跨開與肩同寬，保持直立站姿，然後自然蹲下。蹲下身體時，腳板要平貼地面，並注意臀部不要著地。手臂向前伸展，視線平視前方。維持這個姿勢15秒×3次。

保持身體的高度，左右搖擺

08 大腿內側

兩腳跨開，並將兩手臂往個別方向伸展，保持平舉與肩齊高。注意力集中在大腿內側肌肉上，體重由左移至右，再由右邊移至左邊。以10次為1組。

Level UP!

輕快而帶韻律感地進行！

10 側向踏躍

身體側面朝向行進方向。一邊做踏躍一邊橫向移動。進行動作時，肩膀、手臂、膝蓋及腳踝都要盡量放鬆。注意步幅不要太大。進行10秒×5次。

進行側向踏躍時，兩手臂向上高舉，一邊擺動一邊進行側向踏躍運動。放鬆身體的效果更佳。

Level UP!

移動時要保持節奏感

09 踏躍運動

進行10秒×5次原地踏躍。重點在於要伸直背脊，身體放鬆地以稍帶韻律感的動作進行原地踏躍。兩手臂則自然地前後擺動，適度地放掉身體的力氣。

在踏步往上跳的瞬間，肩膀往下用力，著地時則要及時放掉力氣，這樣更有助於身體放鬆。

跑完後的拉筋體操
徹底伸展肌肉

跑步結束後，不要突然就停下來。慢慢地多走些路或做些踏躍，讓心跳自然緩和下來，能夠降低身體的負擔。

接著，就要做緩和運動來紓解肌肉。排解肌肉因為跑步而累積的疲勞感，還能使下次跑步時不會受這次疲勞的影響，達到預防效果，進行時要集中注意力地慢慢伸展肌肉。緩和運動最少也要進行5～10分鐘才夠。

PART 02

跑步結束後：緩和運動

01
不要操之過急，
慢慢地來

大腿前側肌肉①

平坐在地板上，彎曲一腳的膝蓋，讓腳跟靠進臀部位置。兩手自然地接觸身後地板，小心地伸展大腿正面的肌肉。左右各進行15秒×3次。

Level UP!

進階版的動作，是進一步將上半身往後仰躺。保持膝蓋彎曲的狀態，慢慢地讓上半身躺下去，以不會太勉強的程度為前提。

Zoom UP!

把原本伸展的腳彎曲起來，難度再升級！拉筋的效果當然也更好！

02
一點一點地
把腳跟拉近身體

大腿前側肌肉②

俯趴在地面，用右手抓住右腳腳背處，彎曲膝蓋讓腳跟貼近背部，保持一段時間後，換邊進行同樣動作。左右各進行15秒×3次。

Level UP!

將伸出的腳彎曲就是進階版的動
作！拉筋舒展效果更好！

03　適度地扭轉身體，
並注意視線的方向

大腿內側與腰部

坐在地板上，曲起左腳跨至右腳外
側，接著上半身往左扭轉，扭到能
力所及的位置時，保持姿勢一段時
間。接著掉換左右腳、上半身扭轉
的方向進行。左右各進行15秒×3次。

05　進行時臉要
抬高往上看

小腿肌肉

單腳跨前一步，慢慢地
把上半身往前傾。用和
踏出去的腳同一邊的手，
輕輕扳住腳尖，保持姿
勢一會兒。進行時記得
臉要抬高往上看。左右
各進行10秒×3次。

04　注意伸展大腿內側
和膝蓋、腰部

大腿內側和膝蓋窩及腰部

坐在地上，兩腳打開至與肩同寬，
慢慢地伸長手臂抓住腳板。接著將
上半身往前傾，像要壓低到大腿
中間似的，保持如照片示範的姿勢。
保持10秒×3次。

06 在不感到勉強的
範圍內張開腳

小腿和腰部

坐在地上，兩腳打開後，
兩手臂也跟著伸展。上
半身前傾至手指可以扳
到腳尖的程度，保持姿
勢10秒後，再恢復成放
鬆的狀態。進行時視線
要看向前方，並注意腰
部的肌肉伸展狀況。

Level UP!

想要做更進階一點的拉筋，可以
交叉雙臂，同樣地保持一段時間。
這樣能稍微加重負荷，達到更好
的拉筋效果。保持姿勢的時間不
變即可。

07 一點一點地把
腳尖往上扳

小腿與膝蓋窩①

雙腳併攏坐在地板上，伸長雙手以手指扳
住腳尖，輕輕地往身體的方向拉。注意力
放在伸展小腿及膝蓋窩的肌肉伸展上，保
持姿勢約10秒。做3次就可以了。

上半身盡可
能保持直立

08 ### 小腿與膝蓋窩②

兩腳張開坐好，用右手輕輕抓住右腳尖，往身體的
方向拉。這時上半身會容易往手伸展的方向傾斜，
要盡可能保持直立才好。左右各維持10秒×3次。

Zoom UP!

保持拉直
緊繃的姿勢

09

阿基里斯腱一帶

單腳跨前一步，壓低上半身。將手心平貼地面，
重點在於兩腳的腳跟要保持著地狀態。保持一段
時間後，換邊進行。左右各維持10秒×3次。

專心保持
身體放鬆

10

甩手踏躍

僅讓腳尖著地地作身體
上下的腳跟抬高運動。
同時甩動兩手臂，這個
動作能讓因跑步而疲勞
的身體得到放鬆。以10
次為1～2組的單位運
動量活動身體吧！

手臂完全不用力
似地甩動

11

萬歲甩手踏躍

兩手臂不是垂在身側，
而是高舉在頭上甩動。
腳部則進行和步驟10同
樣的動作，僅腳尖著地，
做腳跟抬高、放下的運
動。以10次為1組～2
組的單位運動量活動身
體吧！

Zoom UP!

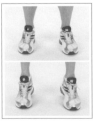

腳尖保持著地。10、11
的動作重點，在於只有
腳跟抬離地面後又放下。

7 ┠ 14 week

用慢跑來拉長距離，讓自己跑得更遠一些！

當身體已經習慣運動 便可逐漸增長跑步時間

用慢跑來拉長距離，
讓自己跑得更遠一些！

第1～6週，在完成為期一個半月的訓練課程後，
身體是否已經習慣運動了呢！
接下來，是以拉長跑步距離為目標
展開訓練課程。

平日的訓練課程以CHAPTER 1中介紹的慢跑為中心，週末
等較有空閒時，就可進行在此初次登場的「快步跑」。以7～
8分／km為基準，但不需太拘泥，只要比慢跑快就可以了。
這時期的訓練重點，在於讓身體習慣長時間跑步。

當身體已經習慣運動
便可逐漸增長跑步時間

平日 （每週1～2次）	**【1】** **快步走20分鐘→慢跑10分鐘** 一次的訓練中，先快步走再轉為慢跑，各以10分鐘／km的步調為基準，習慣後如果行有餘力，就試著再加上10分鐘快步跑。
	【2】 **慢跑40分鐘** 在此首度登場，持續跑步40分鐘的課程！如果10分／km的步調太吃力，稍微放慢一點也沒關係，總之連續跑上40分鐘，是在這個階段裡最重要的事！
週末（一天）	**快步走12分→快步跑12分→快步走12分** **→快步跑12分→快步走12分** 挑戰總共60分鐘的長時間運動！以步行搭配跑步的訓練，效果特別出眾！（見P54）
休息	**拉筋＋散步等** 這個階段也不能忘記休養生息。 可以利用睡前的時間，做一些簡單的拉筋、 或是在通勤或工作時做一些拉筋體操轉換心情。

終於進入實踐性的訓練內容
達成長距離跑步的祕訣是?

CHAPTER 2 的主題訂為「長時間跑步」。
想要實現這個目標,有兩大重點需要注意!且先來瞭解這兩大要點為何,
充份掌握方向後再進入這個階段。

POINT 01

跑步姿態的確認重點

Point
01

和步調相合
的跑步姿態

不論是慢跑,或是
P54頁所解説的「快
步跑」,姿勢上的確
認重點都是共通的。
也就是如右圖所示,
身體的中軸是否保持
筆直、手肘是不是像
往後抽般地擺動、腳
跟著地的動作是否順
暢等等。一邊復習慢
跑的姿勢,一邊掌握
重點。

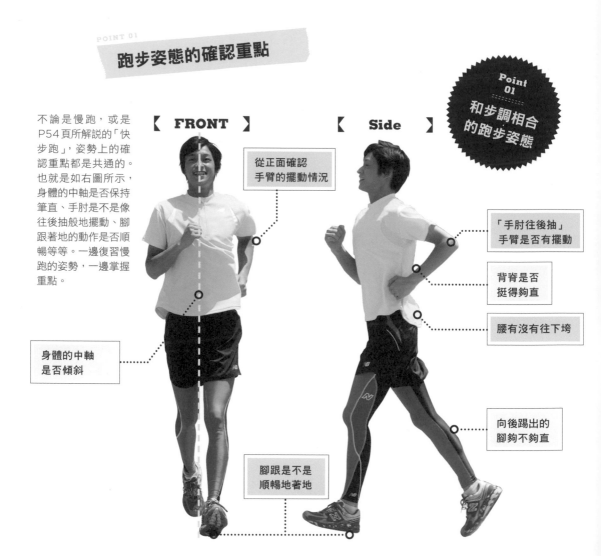

【 FRONT 】

【 Side 】

從正面確認
手臂的擺動情況

「手肘往後抽」
手臂是否有擺動

背脊是否
挺得夠直

腰有沒有往下垮

身體的中軸
是否傾斜

向後踢出的
腳夠不夠直

腳跟是不是
順暢地著地

Over Pace 是怎麼回事？

每個人都有自己最合適的步調，也就是所謂的 My Pace，如果步調快過恰當的數值，就叫做 Over Pace。負荷過大的步調，會讓人無法長時間跑步。這種情況下，不但在中途就會喘不過氣來，也會因此無法抵達終點，是非常糟糕的情況。尤其在正式參加比賽時，更要多加注意！

Point 02

步調不要越跑越快！

呼～呼～

不好好加油怎麼行！

Over Pace

我還可以跑下去！

照自己的步調來…

馬上就到終點了！

不行了…

OK

步調

時間

Column

確認姿勢是否正確的方法

1 在玻璃窗等建築物前確認自己的姿勢

2 請同行的跑友幫忙確認

3 利用數位相機的攝影功能確認

單獨一個人很難確認跑步的姿勢。但可利用左邊列舉的三種方法，像是利用建築物櫥窗的反射效果來看自己跑步的姿勢，自行確認倒也不成問題。如果有同行的跑友可幫忙，就更輕鬆了，不過，還是最建議各位使用數位相機拍攝短片。拍下自己跑步時的模樣，就能夠清楚地確認跑步時的姿勢，還能一五一十地和書上的示意圖相比較。

選擇背景簡單、不複雜的地點，就可確認跑步姿勢是否正確。

Over Pace 有沒有徵兆？

上氣不接下氣

心跳非常劇烈，喘不過氣來而造成呼吸頻率紊亂，跑起來苦上加苦。這可說是 Over Pace 最明顯的症狀了。

側腹部疼痛

身體的負擔太大時，經常會造成側腹部疼痛。沒辦法大口呼吸，於是間接形成身體缺氧的原因之一。詳細見 P96。

維持正確的姿勢和控制好步調很重要！

除非是一流的運動選手，不然要跑上 42 · 195 公里，必定需要相當長的時間。對入門的馬拉松跑者來說，訂個 6～7 小時應該不為過。要跑上這麼長一段時間，最重要的關鍵，莫過於和步調相合的跑步姿勢，以及穩定的步調兩點。

慢跑和快步跑要是沒有依各自適合的步調做出正確的跑步姿勢，用將就的姿勢去跑，無可避免地會消耗額外的體力，導致無法達成完走的目標。

再者，開始跑上一陣子，身體已經習慣動作後，很容易越跑越快，如果超過自己能負荷的步調，身體在過大的負擔下，馬上就會疲勞不堪。

這種情況下，必然無法持續長時間跑步。就算感到「現在很進入狀況」，也不能任由步調胡亂發展，好好控制住自己的步調，可說就是長時間跑步的訣竅所在。

首先，一定要徹底學會正確的跑步姿態，再充份瞭解 Over Pace 的問題，清楚掌握其前兆。

預防 Over Pace 的方法

邊說話邊跑步來降低速度

為了避免 Over Pace，讓自己輕鬆愉快地跑步是很重要的觀念。不辛苦的跑步，才能跑得又遠又久。例如和朋友一邊聊天一邊跑步，就是很有效的方法。就算在正式的比賽中，也能用這種方法來放鬆，相當值得推薦。

首先從慢跑開始試試看吧
該怎麼維持步調呢！

為了避免步調過快，維持住最適合自己的步調…
已經習慣CHAPTER 1至今的所有訓練內容，
現在就以慢跑為基調，解說如何控制住步調的方法。

Pace Keep 01

和快步走的跑者一起慢跑

快步走和慢跑的步調基準都設在10分鐘／km，
這時自己進行慢跑，而另一人就以快步走來進
行訓練。就算跑步的步調不自覺加快了，也可
以看旁邊快步走的跑友來做調整，維持住步調。

慢跑 ----------- ✛ ----------- 快步走

兩邊的
步調相同！
10分
／km

運用三個方法來維持慢跑的步調

為了避免步調過快，維持住適當的步調就成了持續長跑的大重點。話講得簡單，在突然開始快跑時，要習慣怎麼控制住步調，可是件難事。

在此，學習控制步調的第一步，先要了解怎麼在慢跑時控制步調。如上面所解說的方法，最值得推薦的就是兩人一組的訓練法。自己採取慢跑時，搭檔的跑者就使用快步走，一起進行訓練。只要時時配合快步走的跑友，自然就能有效防止步調過快了。要是對方的訓練目標也是馬拉松完走的話，不妨在中途交換，同樣會是很好的訓練課程。

還有其它慢跑的特點，像是維持較小的步幅，也會是相當的重點。再來，慢跑中不時穿插快步走，也是確認步調快慢與否的好方法。慢跑的步調如果變快了，就用呼吸的韻律來找回原先的速度，這些都是很輕易就能維持步調的方法，請各位多加嘗試。

藉由快步走來體驗速度

先前把快步走和慢跑的步調基準同樣定在10分鐘／km，在這裡也能發揮額外的功用。一個人跑步的情況下，只要從慢跑換成快步走，相信就能想起原先的步調了。接著再換回慢跑時，步調也就容易掌握得多。這個方法就算不是兩人一組進行訓練也能使用，請一定要試試看。

步幅小一點腳步動作要更有韻律感

大的步幅

步幅控制得小一點，對慢跑來說是很重要的關鍵。因為太大的步幅會跑得較快，也就算不上是『慢跑』了。就控制步調上來說，小步幅也同樣重要。不時以較小的步幅行進的話，就能抑制速度上升，間接達到壓低步調的效果。這樣一來，也就能保持住適當的步調，成功避免步調不自覺加快的問題。

小的步幅

當步調越跑越快的時候……
用呼吸的韻律來控制步調

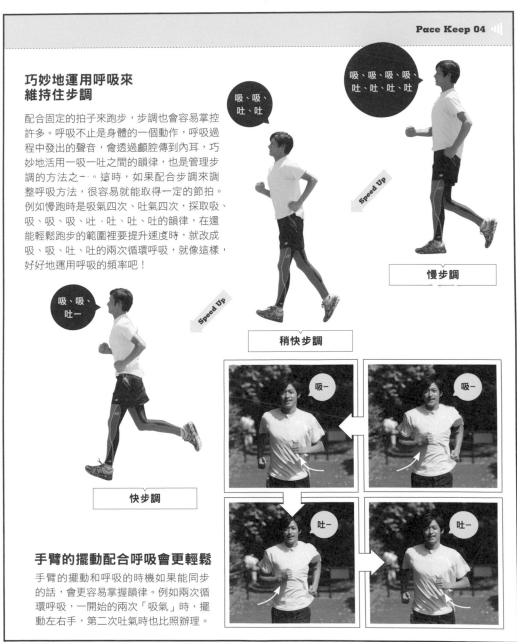

Pace Keep 04

巧妙地運用呼吸來維持住步調

配合固定的拍子來跑步，步調也會容易掌控許多。呼吸不止是身體的一個動作，呼吸過程中發出的聲音，會透過顱腔傳到內耳，巧妙地活用一吸一吐之間的韻律，也是管理步調的方法之一。這時，如果配合步調來調整呼吸方法，很容易就能取得一定的節拍。例如慢跑時是吸氣四次、吐氣四次，採取吸、吸、吸、吸、吐，吐、吐、吐的韻律，在還能輕鬆跑步的範圍裡要提升速度時，就改成吸、吸、吐、吐的兩次循環呼吸，就像這樣，好好地運用呼吸的頻率吧！

吸、吸、吸、吸、
吐、吐、吐、吐

吸、吸、
吐、吐

Speed Up

慢步調

吸、吸、
吐一

Speed Up

稍快步調

吸一

吸一

快步調

吐一

吐一

手臂的擺動配合呼吸會更輕鬆

手臂的擺動和呼吸的時機如果能同步的話，會更容易掌握韻律。例如兩次循環呼吸，一開始的兩次「吸氣」時，擺動左右手，第二次吐氣時也比照辦理。

7-8分／km

自慢跑向上升級！
學會「快步跑」！

現在終於要從慢跑一口氣加速來到「快步跑」了。
快步跑的姿勢和慢跑有所不同，好好地看清楚，確實學會快步跑的方法吧！

POINT 4
徹底伸展
背部肌肉

POINT 3
腳跟務必要
流暢地著地

POINT 2
自骨盆開始往前，
腳要跨得夠大步

POINT 1
注意腰不要
往下墜 → 見 P108

SIDE

FRONT

POINT 7
注意手肘要往後抽手臂大幅前後擺動

手肘確實地屈起，做出有力道的擺動。要留意
手肘往後抽的動作，完成大幅度的手臂擺動。
不過，要是全部心思都放在擺動手臂的話，肩
膀很容易不自覺過度用力，形成肩膀僵硬的原
因。輕鬆跑步的原則和慢跑時並無二異，適當
地放開力道，讓身體自然地跑步吧！

POINT 8
身體的軸心要
保持得筆直

NG!

OK!

如果已經學會慢跑
應該就能順暢地學會快跑

習慣了慢跑之後，不妨試著逐漸提升步調！就以快步跑的7～8分鐘／km做為基準。

話是這麼說，基準只是參考用，請參照下列的連續照片，學好快步跑的姿勢後，耐心地以行有餘力的步調，慢慢習得比慢跑快上一些的「快步跑」。

在這個階段，不是要人一口氣拉高步調，而是一點一點地，讓身體習慣比原先稍快的跑步方式。例如本來是進行10分鐘／km的慢跑，那個就先提升到9分鐘／km，慢慢加快步調的話，就會達到快步跑的等級。

快步跑和慢跑的一大不同，就是手臂擺動的速度較快，步幅也更大。手肘要屈起往後抽等部份倒是相通，因此如果已經學會慢跑，相信快步跑也不會太困難。請積極地多挑戰看看。

POINT 6
跑步時要注意
上半身不要
往前傾

POINT 5
往後踢出去的
腳要確實打直

腳從骨盆位置就開始往前揮出，手臂的擺動要夠敏捷。步幅跨得夠大的話，每一步能前進的距離也會加大。

速度加快後，身體的軸心也要保持筆直，不能左右搖擺。記得臉要抬高，視線直直地看向前進的方向。

POINT 11
腳尖不論何時都要朝正前方
速度加快的同時，跑步的姿勢也容易變掉。尤其是膝蓋的動作，一定不能出現彷彿由外往內轉似的動作。邊跑步時還要注意的就是腳尖的方向，不論何時都必須正對行進方向，這些都是必須注意的重點。

POINT 10
著地的那隻腳，
膝蓋不能往內傾

POINT 9
視線筆直地
看向前方

提升體力和學習正確的姿勢

介紹至此，相信各位對快步走跑的姿勢已經有所知悉了。
在此處要更詳細說明的是，曾在P47處的訓練課程中也提到過，將步行與跑步交替搭配而成的訓練方法。
接下來將會解說其意義所在，以及其它各種組合搭法，各位可以自由地調整成理想的排程。

基本流程 ⊪ 以快步走為基礎，搭配快步跑

一開始是快步走，中間穿插快步跑，採取最基本的步行與跑步組合訓練。
快步走時可以確認姿勢，等到身體暖起來了，就轉為跑步。接著再換回快步走，確認姿勢後又進入快步跑。
由於以步行為主，能夠持續長時間的優點，正是這套訓練內容的重點。先以60分鐘為目標。

快步跑
7-8分／1km

快步走
10分／1km
12分鐘

快步跑
7-8分／1km

快步走
10分／1km
12分鐘

12分鐘

快步走
10分／1km
12分鐘

12分鐘

步調

時間

步行與跑步的組合好處多多！

用步行與跑步組合搭配而成的訓練課程，具有兩大意義。首先，藉由步行轉為跑步，讓人在跑步前先確認自己的姿勢。另一個則是搭配步行減輕身體負荷，降低長時間運動的困難性。運用步行與跑步長時間刺激身體，是有效提升實力的訓練法。

基本的流程如上，從快步走開始，搭配快步跑組合。從步行開始，可以讓心跳數緩緩上升，還有充足的體力來調整姿勢。覺得這樣太吃力的人，不妨試試左頁的「慢步版流程」。慢步走和慢跑的搭配，是對身體負擔較輕的訓練法。

反過來，要是覺得訓練強度不夠，就選擇「快步版流程」吧！一開始和最後都採取快步跑，中間穿插快步走。不管哪種流程，都是以步行和跑步相互組合，具有很好的訓練效果。

慢步版流程 ▷ 步行和跑步都以同樣的步調行進

以快步走做為開始的部份和基本流程一樣，但中間則以慢跑來做為搭配。和基本流程相比，運動量較小，
但這種組合卻可以讓人持續更長時間的運動。兩者的步調都以10分／1km為準。自總時間30分開始，
逐步挑戰60分行程。

快步版流程 ▷ 以快步跑為主，搭配快步走

「快步版流程」是用快步走和快步跑搭配，這一點和基本流程一樣。不過，開始和最後則是安排了快步跑，
所以和基本流程相比，是反過來以跑步為主。習慣基本流程的人、覺得基本流程不夠力的人，
不妨試試快步版流程，試試總時間達60分鐘的運動訓練。

比較慢步與快步的跑步姿態

相同點	相異點
• 身體的軸心要保持筆直！	• 手肘
• 腳跟著地時的動作要流暢！	慢跑：手肘小幅度往後抽
• 往後踢出去的腳要完全打直！	快步跑：手肘大幅度往後抽
• 背脊要確實打直！	• 步幅
	慢跑：步幅小
	快步跑：步幅大
	• 步調
	慢跑：10分／1km
	快步跑：7~8分／1km

快步和慢步的跑步姿態
掌握其中相同與相異的特點

如果學會了慢步和快步的步行、跑步共四種不同的運動形態，也就算得上是名符其實的跑者了。
接下來，在進入真正實踐的階段前，
先詳細掌握慢跑和快步跑在姿勢上的不同吧！

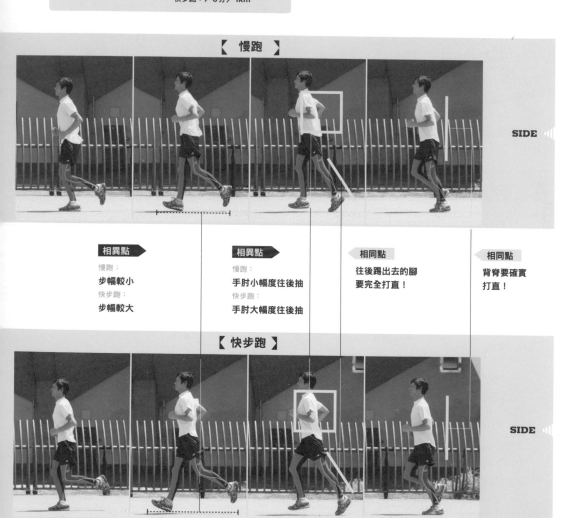

【 慢跑 】

SIDE

相異點

慢跑：
步幅較小

快步跑：
步幅較大

相異點

慢跑：
手肘小幅度往後抽

快步跑：
手肘大幅度往後抽

相同點

往後踢出去的腳
要完全打直！

相同點

背脊要確實
打直！

【 快步跑 】

SIDE

不同的部份並非只有步調
步調一旦不同
其它部份也會隨之相異

即使一樣叫做跑步，其中也是既有共通點，也有許多不同的部份。

在感覺越來越複雜之前，先來確認慢跑和快步跑之間的不同吧！右頁開始是橫向排列的連續照片。像這樣並排比對，就能清楚發現共通點和不同之處。

就正確的姿勢上來說，諸如背脊要挺直、身體的軸心在跑步時必須保持筆直等等，是不管哪種類型的跑步都共通的原則。

另一方面，擺動手臂的方式、步幅的大小等等則各有差異。也就是說，手臂的擺動、步幅的大小都會對步調造成很大的影響。仔細比較，希望這些資料能在各位跑步時成為確認姿勢的好幫手。

【 慢跑 】

ᐉᐉ FRONT

【 快步跑 】

ᐉᐉ FRONT

相同點
身體的軸心要
保持筆直！

相異點
慢跑：
10分／1km
快步跑：
7~8分／1km

相同點
腳跟著地時的
動作要流暢！

利用平日的跑步來保持對運動的熱情！
選擇能夠掌握距離的路線

日常生活中的跑步，該走什麼樣的路線才好呢？
很多人會選擇附近的公園或距離較近的地點。
但是，選路線可是有重點的。
由於這是特別安排的訓練，不要只是白白跑步，
最好選擇能夠測量出自己實力的路線。

選擇有所助益的路線
找出自己的步調

平常不經思索就在跑的路線，要是能知道詳細距離的話……。比方說，週末時總是花40分鐘來進行跑步訓練，如果能進一步了解平常跑的路線長約5km，就能推算出自己是以1km約8分鐘的步調在跑步。這時，也就找出了自己平常跑下去的熱情。

藉著路線而掌握到的最佳步調，以此判斷「想再加快步調」，或是「好像有點太快了」，都能夠幫助人維持或加強跑下去的熱情。

行有餘力的最佳步調。反過來，如果跑得上氣不接下氣，也就表示這個步調太快了。簡單來說，找出選擇熟知距離的路線，單就找出最佳步調這點來看，也是頗多助益。

事先知道距離有什麼好處？

能掌握特定時間內
能跑出來的距離 ▶ **所以** ▶ 容易瞭解
自己的實力 ▶ **這樣一來** ▶ 能訂出
下個目標 ▶ **結果** ▶ 對跑步保持
熱情、持久力

說不定在身邊不遠處就有！
如何挑選易於掌握距離的路線

在此介紹三個方法，教你如何挑選距離容易測量出來的路線。
像是標準操場一圈、設有距離標示的路線等等，
各位身邊一定都不難見到。也可以試著用網路搜尋。

PART ❸

設有距離標示的路線

公園或郊區的湖邊等等
標示距離更方便！

在大型的公園或河堤邊，有些會
設有健跑路線。這種路線通常都
會有標示離起點多遠的路標。此
外，郊區的湖邊也經常可看到標
示環湖距離的走道。推薦大家多
多善用這類跑步路線。

PART ❷

環狀路線

只要知道一圈有多長
就能輕鬆掌握跑過的距離

日本東京一帶跑者雲集的
Mecca、皇居，一圈的距離約
為5公里。要是有知道距離的環
狀路線，看跑幾圈就知道共跑了
多遠的距離。雖然有點土法煉鋼，
但假設一步是80公分，用計步
器幫忙的話，也能測量出自訂的
環狀路線的距離。

PART ❶

操場

能夠測量出正確的距離
還能不在意周圍只專心跑步

標準操場的一圈為400公尺。大多
數操場在跑道邊看得到的地方，都
會設有時鐘，再加上自己只要記得
跑過幾圈，很輕易就能算出步調。
雖然操場上沒什麼令人賞心悅目的
風景，但很多運動場都有定期開放
一般人進入使用，不妨多注意一下。

採取更有效果的訓練！
利用運動專用錶跑得更聰明！

在有了運動鞋之後，
跑步時不可或缺的用品就是運動專用錶。
早早開始使用的話，不但能提高訓練的成果，
在比賽時也早已熟悉機能，可以更有計畫跑向終點。

使用運動專用錶
有什麼好處？

可以規劃出
特定距離所需時間

↓ 所以

能夠掌握
自己的步調

↓ 這樣一來

就能保持
一定的步調

↓ 結果

對跑步保持
熱情、持久力

為了能跑得更有計畫性
妥當管理步調

入門跑者經常遇到的困難，就是在一開始時衝過頭，半路就失去鬥志，結果半途而廢。都開始跑步訓練了，卻只留下「累死人」的印象。這種時候，運動專用錶的碼錶功能就可以有效改善問題。計算出一定的時段，也就能掌握住該段時間內的步調。

跑步時最重要的事，就是維持固定的步調。使用運動專用錶來輔助，掌握固定的步調也就容易許多了。

善用運動專用錶，不只能將當下的步調掌控得宜，
還能找出最適合自己的步調。此外，靈活運動的話，
在設定訓練目標時也能發揮作用！

學會使用運動專用錶的三個步驟

STEP ③ 熟練使用碼錶 更容易保持特定步調

碼錶時間，指的是跑行一定距離所需的時間。使用搭載有碼錶記憶功能的手錶，可以把先前測出來的時間結果紀錄起來。碰到未曾參加過的新競賽路線時，心情容易興奮；或是和許多跑者一起競賽，步調難免容易跑掉，這時，如果能用碼錶時間計測，較不容易自亂陣腳。

STEP ② 計測5km所需時間 就能找到最佳步調

依跑行路線的路況（是否有上、下坡，或路面是否平坦等等）、當時的身體狀況，步調會產生若干誤差，但能夠行有餘力地跑行5公里的步調，多半就是個人最佳步調的基準。配合使用計時器跑上5公里，休息一下，接著再跑5公里的話，就更能抓住自己的步調了。等到找出最佳步調，並保持在一定的準確度上，就能輕鬆跑出更長的距離！

STEP ① 每一公里就確認時間 自然能維持好 預定步調

步調指的是每1公里花費的時間。一般來說，步調都是用時間除以距離計算而得，但若使用附有碼錶功能的運動錶，也就能在每1公里確認時間，也就是說，能夠更精準地掌握到步調。此外，由於頻繁地來測量，也會變得對步調的變化更加敏感。習慣之後，就能自然而然記住特定的步調了，請反覆多試幾次。

除了重要的秒錶功能之外，附有GPS及心跳計功能的運動錶，也很值得注目。找出一款符合喜好的款式，進行更聰明、更快樂的訓練課程。

依款式分類的推薦錶款

TYPE C 想詳實地掌握 跑行距離

Garmin ForeAthlete 405

不但搭載了GPS功能，還能接上電腦來管理跑行紀錄。配有高機能的同時，設置有兩個控制鈕，提高許多操作性。

Polar RS800CX

這個款式，是和除了距離、速度之外，還能知道節奏及平均步幅的「s3 Stride sensor W‧I‧N‧D」搭配套裝一起販售。

TYPE B 除了時間， 也想測心跳

SUUNTO tlc

不只有心跳計，還搭載了能即時顯示出卡路里消耗量的List Computer。同時還能設定預定的心跳數範圍。

Polar FT7

以適合新手使用的簡單操作界面為魅力，同時搭載了心跳計功能的款式。能量指標功能還能引導人找出脂肪燃燒率更高的運動負荷度。

TYPE A 只想簡單地 計測時間

TIMEX 50 LAP MID SIZE

能夠記憶50組碼錶結果的10氣壓防水運動錶。出自義大利的設計名師Giorgio Galli之手，洗練的外觀十分賞心悅目。

new balance Sports Chrono 50

開始跑之前設定好碼錶及預定時間，在以碼錶計時後，會自動顯示出與預定時間的差距。有這個功能幫忙，就能完全照步調來跑步了。

讓疲勞不會留過夜&消除肌肉緊繃感！

跑完步後好好按摩讓疲勞的身體煥然一新

為了讓跑步生活更加舒適、疲勞不會帶過夜，這是相當重要的一環。在此，就要來介紹幾種能夠有效消除身體疲勞的按摩方式！

及早處理疲勞將能提升今後跑步的效率

訓練過後，千萬別忘了按摩一下！完全不做肌肉按摩，任由疲勞累積在身體裡的話，有時會演變成運動傷害的原因。泡完熱騰騰的澡，稍事休息過後，是進行按摩的最佳時機。這個時候血液循環速度快，肌肉較容易放鬆，此外，瘀積在血管中的疲勞物質也會較容易被帶走。

跑步後就能輕鬆進行的簡單按摩

心裡也知道按摩很重要，但做了簡單的緩和運動後就懶得再動了……。特別推薦容易懶惰的人！用這些就能輕易自我按摩，好好慰勞辛苦運動過的肌肉吧！

辛苦操勞的腳部一定要特別用心

01 腳趾・腳底・腳踝

被稱為人類第二心臟的腳，希望各位最好在平時就養成按摩的習慣。此外，在跑步過程中，它也是受到最大衝擊的部位，一定要格外細心地按摩放鬆。

坐在椅子上更易進行！

腳趾

1▶往前伸展
分別把每隻腳趾往下折彎，讓它能夠伸展。就像是要解放在鞋子裡備受束縛的腳趾般，盡量動一動。每隻腳趾都維持5～10秒。

2▶往後伸展
這次反過來把每隻腳趾往上折彎，讓它能向上伸展。這時不能用力硬折，稍微有點痛的程度較為剛好。每隻腳趾都維持5～10秒。

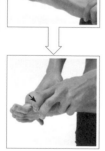
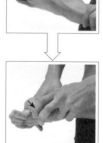

坐在椅子上，把要按摩的那隻腳屈起來，架在另一腳的膝蓋上，按摩動作就方便多了。

腳底

用大姆指按壓腳底姆指球一帶到足弓部位，使腳底肌肉能夠放鬆下來。用反向的手來進行按摩，還可以順便達到拉筋的效果喔！左右各1～5分鐘。

腳踝

按摩很容易累積疲勞的阿基里斯腱，重點在於要用手掌溫柔地包覆它，輕輕地施壓。左右各進行20～30秒。

×NG!

不可以用姆指和食指揉捏按摩。這樣會讓纖細敏感的阿基里斯腱更容易疼痛。

POINT

使用大姆指時，訣竅就在於要施力在指腹（照片中貼上黃色貼紙的部份）。

按摩時的重點…

1 **搥、壓、按** 按摩有「搥、壓、按」三種方法。依要進行按摩的部位來分別使用。

2 **不可太用力** 太重手的按摩，有時反而會傷到肌肉纖維束。要保持在自己感到舒服的範圍，是施行按摩時的重點所在。

3 **使用按摩油 按得更順暢** 配合按摩油，能夠讓手更便於滑動，有效地提高按摩的效果。也推薦使用含有精油，具有額外助益的按摩油。

由下往上
按摩

02 小腿正面

沿著脛骨來按摩小腿正面的肌肉。按摩時的重點在於用大姆指施壓，由下往上移動。左右各進行1～5分鐘。

肌肉慢慢
放鬆下來了～

像用手掌溫柔
包住似地

03 小腿

單腳抬起，用手掌包住小腿肌肉，大姆指稍用力地自腳踝往膝蓋方向推。當肌肉疲勞得很嚴重時，力道要放輕一點，有時稍微按一按就好了。左右各進行1～5分鐘。

用「敲」和「壓」
來消除疲勞！

04 大腿

兩腳伸直坐好，以拳輕敲、用手按壓大腿各處來進行按摩。大腿肌肉是很容易在運動後疼痛的部位，要是覺得痛，要視情況減輕力道來按摩。

1▶敲
手握拳，自膝蓋往大腿根部輕巧富韻律地輕搥。各進行1～5分鐘左右。

2▶壓
用單手支撐身體，再用另一手的掌心按壓大腿的各部位。左右各進行1～5分鐘。

用輕快的節奏搥打

05

臀部～背部

由於站著就能進行，不論人在哪裡都能進行按摩。也可以融入緩和運動中一併進行。此外，不僅是在跑步過後，平常就多搥搥背部和臀部的話，還能預防腰痛和肩膀僵硬。各進行1～5分鐘。

背部

在手能觸及的範圍裡，盡可能輕搥背部所有部位。

腰部

腰部一帶要由下往上輕搥。容易感到動作僵硬的部位，要更仔細地按摩。

臀部

握拳後，輕搥左右臀部中央及側邊各個部位。

和朋友或搭檔一起！
兩個人進行的按摩

能和其它人一起按摩的話，很多自己手碰不到的地方也能確實地舒緩開來。和朋友或搭檔一起進行，說不定連感情和默契都會變好呢！？

小腿

01

恰到好處的甩動消除腳部的僵硬

俯趴在地，讓對方抓住腳尖提起小腿，稍加左右甩動。這樣不但能消解肌肉僵硬，還能讓瘀積在腿部下半段的血液改善循環，順道解決水腫問題！單腳進行30～50秒

像這樣一次一邊來甩腳

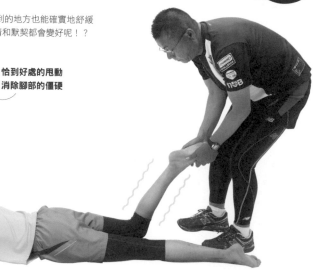

扶著膝蓋
慢慢往上抬

還有拉筋
的效果！

02 小腿、大腿正面

俯趴在地上，彎曲拱起單邊膝蓋，讓對方把小腿往臀部方向壓，伸展肌肉。如果讓膝蓋稍微浮起來一些，還能達到小腿、大腿正面肌肉的拉筋效果。左右各進行30～50秒。

髂腰肌

03 單腳伸展
30秒以上

仰躺在地，屈起單邊膝蓋，像是要和另一腳交叉似地倒過去。讓對方用手按住腰部和膝蓋施力，充份地伸展髂腰肌（腰椎到大腿骨一帶的肌群）。左右各進行30～50秒。

用掌心來
做按摩

04 臀部

俯趴在地，用掌心來按壓臀部周邊的肌肉進行按摩。臀部的肌肉（臀肌）到腰部一帶都很容易僵硬，一定要好好按摩。進行1～5分鐘。

容易累積疲勞的
背部要份外細心

背部

05

用掌心由下
往上推壓！

背部是自己無法按摩到的部位，最好能夠委由他人來代行。運用掌心和指腹，自腰部往肩胛骨方向推壓，用以舒緩緊繃的肌肉。光是按一按也可以。持續1～5分鐘。

打造永遠不膩的跑步過程
一邊聽音樂一邊享受跑步吧！

為了能持之以恆地跑步，下功夫讓自己不會產生厭煩感，也是重要的課題之一。
不必限定只能單純跑步，好好活用激勵心情的音樂，跑步的樂趣瞬間倍增！

跑步和音樂是絕妙的好搭檔！

跑步的時間一長，對沿途的景色會逐漸厭煩，情緒也會慢慢低落……。這種時候，就試著下點功夫來提高自己的情緒吧！有些人是為了健康、美容或窈窕體態而跑，有些人則朝競賽努力，但最重要的就是要養成固定跑步的習慣。為此，能否成功地維持積極的心情，讓自己持續努力下去，就是關鍵所在了。在此推薦大家一邊聽音樂邊跑一個方法，就是邊聽音樂邊跑步。聽著喜歡的音樂，不止心情會隨之高昂起來，要是能善用音樂的BPM（參照下列資料），還能幫助保持步調一致。

近來針對BPM特性，特地為跑者製作的CD專輯、音樂下載網站都很多，各位不妨多加利用。再者，播放器也有許多運動用的款式，多逛逛也不錯。今後就和喜歡的音樂一起踏上道路開跑吧！

我用音樂來保持高昂的跑步情緒！

想要活用音樂，就要先了解BPM

BPM就是一首曲子在1分鐘裡的節拍數，最適合跑步用的BPM是在160～175左右，剛入門的跑者建議選擇BPM160左右的音樂。超過BPM170的話，就會是高段跑者的速度了。選擇符合自己等級的音樂，配著節拍去跑步，自然而然地就能保持好步調。

Check「RUNNING STYLE WEB」！

在「RUNNING STYLE WEB」裡，會配合『BPM跑得更舒適』連載專欄，介紹為跑者設計的樂曲表單，一定要注目！
http://runningstyle.jp

Point 1 推薦音樂播放器！

現在各家廠商都有推出跑者專用的音樂播放器。
外觀時髦漂亮的款式也增加了不少。

Apple Ipod touch

利用iTunes Store，
下載為跑者設計的
APP，除了音樂之外，
還能享受到畫面與聲
音同時幫助訓練的功
能。

Sony「walkman」NW-S640系列

把播放器和耳機設計成共同
結構的款式。由於是防水款，
使用時不必擔心汗水問題，
髒了洗一洗就好。

Sony「walkman」WNWD-W253

厚度僅有7.5mm的超薄音
樂播放器，放進口袋中完全
不會礙手礙腳。另外還可加
購專用腕帶搭配使用，跑起
來更加輕快。

YAMAHA BODiBEAT BF-11

內建加速度感應器，能夠判斷出
使用者的運動節奏，自動點選播
放適合的音樂。

專為跑者設計的音樂活用術！

音樂能夠將跑步過程妝點得更豐富愉快，為了將這類音樂充份融入
運動生活中，現在就來選購適合自己的音樂播放器吧！

Point 3 針對聽音樂設計的小配件或服飾

跑步時特別礙事的耳機線等問題，靠這類專為聽
音樂的人所設計的配件或服飾就能輕鬆解決！

new balence 腕包

可以完整收納跑步
時特別礙事的耳機
線，只從耳機線孔
拉出必需的長度就
可以了。

DANSKIN RUN JACKET

設計在左胸口的口袋，可
以用來收納音樂播放器。
除了吸汗速乾性優異之外，
還能確實阻擋紫外線！

NIKE DRI-FIT RUNNING HOODIE

口袋內側有個特別用來
收納音樂播放器的空間。
同時也設計了讓耳機線
穿出來的洞。

Point 2 耳機要選這種的！

要選導音式還是防水款……
耳機也要精明挑選。
聽著音樂，相信會讓人跑得更加舒適！

Goldendance AUDIO BONE AQUA

以耳塞方式使用的「導音
式」耳機。在享受音樂的
同時，也聽得見單車或來
車的聲音，跑起來份外安全。

Philips SPORTS TYPE HEADPHONE SHQ4000／98

能確實貼合頭型的耳機，
讓人能自在如昔地享受跑
步。此外它是防水款式，
並經特殊抗菌加工。

在訓練開始前、出賽前就先了解

服裝 & 用品
依照用途來選購！

伴隨興盛的跑步風潮，相關的新款運動用品也紛紛登場。
走進運動用品店，經常不知道該怎麼從成山成海的款式中做出選擇。
在此就來為各位一一解說選用跑步用品的訣竅，一解茫然不知該如何下手的困擾！

照片 ○ 中里慎一郎・樋口勇一郎・落合明人・木村真一・仁田慎吾・宮田幸司
模特兒 ○ TOMOMI・繁田拓也・笑京
Photos：Shinichiro Nakazato・Yuichiro Higuchi・Akito Ochiai・Shingo
Nitta・Koji Miyama Model：TOMOMI・Takuya Shigeta・Sogyon

How do you choose?

競賽與相關活動
的穿著打扮

▶ P76-79

依照季節的
各種選購法

▶ P72-75

選購服裝與
用品的基本原則

▶ P69-71

選購服裝&用品的基本原則
首先要備齊哪些東西才好呢？

跑步雖然是一種能隨時開始的運動，但還是不能忘記準備最低限度的必備用品。
為了避免運動傷害，也為了能跑得更舒適，先確實準備好各種基本用品吧！
選購用品時，眼光要是能更精準，相信跑步生活也將變得更具樂趣！

\ Advice /

首先要買的是這些！

跑步用品中的三種神兵利器

「慢跑鞋」、「吸汗速乾性優異的運動服」、「運動手錶」。
這三項是跑步運動中，最為重要、非準備不可的用品。
基本上，跑步是只要運用自己的身體就能進行的運動，
但像這些能夠保護身體不受運動傷害和意外傷害的
用品、讓人跑得更舒適的運動服、管理時間的用具等，
還是要一開始就先準備好。萬全的準備，才能讓人無
後顧之憂。更重要的是先準備好這些裝備，再開始正
式接觸跑步，才可以持之以恆。

Advice_1

☑ 不可或缺的慢跑鞋！

進行跑步運動時，腳部在著地時會承受莫大的衝擊力。尤其是
運動經歷不多的入門跑者，腳部的負擔更大。跑步專用的慢跑鞋，
正是能夠確實保護雙腳減緩著地衝擊力的重要用品。

OK！

跑步專用鞋
具有吸震機能的跑步專
用鞋，能有效減緩著地
時的衝擊。

**不具吸震機能
的運動鞋**
逛街用的運動鞋不能用於跑步。
它不僅無法吸收著地時的衝擊，
還會造成擦傷等各種傷害。

NG

Advice_2

☑ **選擇吸汗、速乾的運動用服裝**

跑起步來,最讓人介意的就是淋漓的大汗。當衣服汗濕全黏在身上,卻還得繼續穿著它跑步,實在很不舒服。為了能跑得舒適,請選擇高機能性的服裝。標榜跑步專用的運動服,吸汗、速乾性都很好。

OK!

NG

棉質 T 恤
機能性低的服裝,無法讓跑者跑得舒適。請穿著能夠確實解決汗濕問題的運動服!

運動用 T 恤
近來的運動專用服裝,除了理所當然的吸汗速乾機能之外,也多了不少設計款可供挑選,不妨從中選出符合喜好的款式。

CHECK !

準備保護身體的用品!!

跑步專用的用品,都是考量跑者的需求而設計的。例如服裝會採用能夠迅速吸收、風乾汗水的「高吸汗速乾性」、「高透氣性」質料製作,或是具有保護肌膚免受紫外線照射的「UV阻斷機能」、能遮擋強風的「防風機能」、在寒冷時保持身體溫度的「防寒機能」等等。善用這些讓人跑得更加愉快、舒適的機能型用品,相信能讓跑步生活更加充實。

Advice_3

☑ **運動手錶**

別光顧著埋頭猛跑。如果能使用運動錶來管理跑步時間,能夠更提高跑步的動力。同時可以有效找出最佳步調。市面上有許多時髦漂亮的運動錶,款式推陳出新,亦可用來搭配運動服裝。

**盡早養成
計時的習慣!**
每天邊計時邊跑,透過數值掌握自己進步的過程。瞭解整個過程,樂趣自然倍增。

Advice_1

☑ **運動襪和緊身褲**

著用能夠確實輔助腳部運動的緊身褲、能防止磨出雞眼和擦傷的襪子，就能防患於未然，避免受傷或發生運動傷害。建議大家盡早準備這兩樣用品。

有效防止摩擦的運動專用襪

能夠有效防止腳部磨出雞眼及摩擦受傷。同時也能幫助腳部與鞋子更加伏貼契合。

能在跑步時輔助腳部動作的機能型緊身褲

藉由運動貼紮的功能輔助關節，而緊身的壓迫功能，還能減輕肌肉的疲勞。

\ Advice /

考量今後的進展，還有這些用品可選！

跑步的距離拉長後，就可以開始準備這些用品！

備齊前述的三種跑步用「神兵利器」後，接著就要考量到升級時的狀況，開始接觸配件類的用品。跑步的距離拉得越長，對身體各部位造成的負擔也越大。這種時候，運動緊身褲等輔助系的用品，就能發揮出保護身體的重要功能。此外，距離拉長後，隨身攜帶的東西也會變多，最好能準備一個好用的腰包。

Advice_2

☑ **女性要著用運動專用內衣！**

跑步時波濤洶湧的感覺總讓人很不自在……，女性跑者們不妨試試這種運動專用內衣，它能夠有效地降低不自在的感覺。較寬的肩帶，使人不需擔心滑落問題，跑起來份外安心。

能夠降低搖晃感的款式更佳

運動型內衣採取不會妨礙背部及肩胛骨動作的設計，能夠讓人順暢地擺動雙臂，以正確的姿勢跑步。

Advice_3

☑ **腰包與後背包**

長距離跑行時，身邊最好帶些飲料、補給食品及小額現金。這時，有腰包或後背包就方便了。不論選用哪種，在競賽中或跑步通勤、旅跑都很派得上用場！

在跑步通勤、旅跑中最好用的後背包

能收納換洗衣物、毛巾等雜物的後背包，最適合旅跑或下班後的通勤跑行時使用。

長跑時少不了附有飲料架的腰包

夏天、或是跑在沒有自動販賣機的路線時，就帶上這種設計有飲料架的腰包吧！

\ Advice /

到哪裡才能買到？

可在運動用品店或廠商直營店面、網路商店購買各種運動服裝或用品！

☑ **款式豐富齊全廠商直營店**

在直營店中，特定廠牌的用品款式豐富又齊全。還有許多僅在直營店才能購得的限定款，不妨多加留意。

☑ **能夠同時比較多款服裝和用品運動用品店**

可供顧客挑選各家廠牌的用品，詳細比較。若想只去一個地方就能盡情比較各家廠牌的功能、設計等特點，只有運動用品店能滿足你！

☑ **手指一點就能輕鬆買到網路商店**

找不出時間慢慢逛街買東西的人，最適合網路購物。但是，網購無法實際試穿，尤其是運動鞋，建議還是盡可能到店面購買較好。

依四季選擇服裝與用品
春夏秋冬，該準備哪些東西才好呢？

依據季節而使用不同特殊機能或材質製作的跑步運動用品，讓人不分四季都能跑得舒適又投入。
為了在春、夏、秋、冬各個季節中，都能心無旁騖地享受跑步，
慢慢地把季節性的專門用品全都整備齊全吧！

不只實用機能，還要可愛才行

> ### 跑步專用裙

除了萬般講究的機能性之外，設計
漂亮可愛的跑步裙，特別推薦給想
在跑步時兼顧時髦的女性跑者。

春～夏

選出能在強烈的紫外線
照射下保護肌膚，
同時解決惱人流汗問題的用品

除了準備有效對付流汗問題的服裝，
確實阻斷紫外線的用品也不能少，細
心地備齊這些能預防中暑的用品吧！

防暑、防UV
不可
掉以輕心！

Spring&Summer

夏季的多層次穿搭

> ### 透氣性優異的緊身褲

跑步時最常見的多層次穿搭中，不
可或缺的緊身褲。春夏季就選透氣
性特別好的款式吧。

跑者必備的單品

> ### 短袖T恤

T恤必須具備抗暑、汗濕對策、抗
UV的機能。有反光安全設計的T
恤也是不錯的選擇。

增添造型效果

> ### 袖套

不想曬黑的女性，就不能少了袖套的保護。選擇顏色設計鮮亮搶眼的款式，還能提升整體的造型感！

讓後腦杓保持清涼舒適

> ### 頸部用冰袋

保持頸部涼爽，是防止中暑最有效的方法。頸部用冰袋可以讓脖子一帶都保持涼爽，跑步時備感舒適。

有效防止中暑

> ### 遮陽帽 & 運動帽

除了可以遮擋刺眼的陽光，還能預防中暑的必備品。夏季或在較炎熱的南部地區跑步時，一定要隨身攜帶。

> ### 透氣性特別好
> ### 短褲或半筒褲

這種天氣裡，要選一件就算大汗淋漓，觸感仍能保持清爽的褲款。要是還有抗UV機能、防臭或抗菌機能就更好了。

跑步也可以很涼快

> ### 無袖T恤

無袖T恤不但少了妨礙手臂擺動的袖子，又能跑得涼快。另外不妨加個袖套來做紫外線防護。

紫外線防護時首重眼睛

> ### 太陽眼鏡

太陽眼鏡能保護眼睛免受紫外線及灰塵所苦。是夏季跑步時必備的用品。

CHECK！ **依據季節詳細確認各種機能**

跑步時，須針對當時的季節特性做出各種應變措施。由春轉夏時，請各位要做好對炎熱、汗、紫外線的各種對策。此外，氣溫飆高的日子，不妨改為晨跑或夜跑，並確實補充比平常更多的水份，小心避免陷入脫水或中暑的困境中。秋冬時則要紮實地做好防寒措施。盡可能迅速讓肌肉完成暖身，是預防受傷的重點所在。

秋～冬

**以萬全的防寒對策
保持身體的柔軟度！**

冷颼颼的季節，身體容易僵硬，造成肌肉柔軟度不佳。在跑步前除了基本的暖身運動，還得先準備好妥當的防寒用品！

就算多層次穿搭，也不會綁手綁腳

＞ 長袖運動衫

搭上外套穿時，為了避免衣服彼此的摩擦妨礙動作，內搭要選貼身的款式才好。

暖身時的好幫手！

＞ 防風褲（長褲）

做事前暖身時，在平常跑步的裝束外，可以多套上一件防風褲。穿著做體操，暖身效果更快更好。

好～冷，在冷空氣中保護身體

＞ 外套

外套要選能在戶外寒冷空氣中保護身體的防風機能款，或是具有不怕下雨的防水款式。

暖身運動和
防寒措施
一定要做好！

Fall&Winter

運用配件徹底防寒
> **保暖袖套**

這是最適合用來調節體溫的用品。
身體過熱時，可以輕鬆地取下來收
在衣服口袋或腰包裡。

有沒有這一項可是天差地別！
> **呢料的毛帽**

進行防寒措施時，不可欠缺的就是
毛呢料的帽子。想提升保溫性時，
可以連耳朵一起包進去。

把風擋在頸部一帶之外
> **保暖脖圍**

套上脖圍防止寒風侵入頸脖一帶，
徹底防寒造型就完成了！身體可以
更快地暖和起來。

準備一雙，好處多多
> **手套**

為避免凍傷，手部也要確實做好防
寒。熱了又能馬上脫掉的手套，帶
著上路準沒錯。

整體技術水準再提升！
> **長版機能型緊身褲**

能夠輔助腳部動作的緊身褲，不論
在哪個季節都能派上用場。同時也
能作為多層次穿搭裡增加造型感的
配件。

以更進階的服裝來享受運動
競賽與特殊活動中的造型

不斷持續跑步，大多數的跑者都會自然而然地期望能在競賽中登場。如果把競賽當成目標，
不妨試著多參加各種跑步相關的活動，有助於更徹底地掌握正確的跑步方式。
在此，為各位解說以競賽或特殊活動為前提的服裝、用品選擇法！

可透視背號的超輕量款
> ## 防水的雨用外套

比賽當天碰到下雨，也不是什麼少見
的事。為了應付這種突發狀況，準備
一件可以透視背號的防水外套吧。

以競賽為目標時
選擇不會妨礙
身體動作的高機能款

一旦參加競賽，當然會希望能夠把鍛
鍊的成果全都發揮出來。這時就要選
用高機能款的運動服，讓技巧更能發
揮得淋漓盡致。

選擇能夠跑得
順暢有力的
高機能運動服

Race Style

利於腳部動作
> ## 短褲 or 跑步短裙

建議選擇不會妨礙到腳部動作的短
褲，不管是和緊身褲一起穿搭或單
穿都OK。

保護負擔最重的雙腳
> ## 輔助系列用品

對肌力較沒有自信的人、或是腳部容易有各種疼痛的
人，著用輔助系列單品也是一種好方法。同時還能預
防受傷。

方便攜帶的補給食品

> ### 腰包

特別是參加全程馬拉松賽時,一定要準備能夠方便攜帶補給食品的隨身腰包。

夏季比賽不可欠缺的單品

> ### 運動帽

在南部或夏季舉行的比賽,絕對要事先準備好的用品。它能在強烈日曬下保護頭部,有效預防中暑。

因應UV對策及體溫調節功能

> ### 上衣

夏季要選擇能夠因應酷暑及紫外線照射的款式;冬季的競賽則要使用具防寒功能的高機能款。

管理好步調,開心跑到終點

> ### 運動錶

想要順利完成比賽,妥善活用運動錶,詳加控管好步調,是很重要的一環。

在任何場合都好用

> ### 袖套

夏天可用來阻擋紫外線,冬天則可用來調節體溫。不用的時候,還能折疊起來,便於收納。

CHECK ! 選擇比賽或特殊活動用的運動服，一樣都不能馬虎！

開始計畫參加比賽或相關活動後，跑步時的興致也會比平時更高昂。比賽的紀錄也將成為設定今後目標時數的指標，相關的活動則是認識同好的好機會。在挑選參加這類競賽或相關活動所需的運動服時，相信大家都是十分挑剔的。比賽要選高機能的款式，以有效確實的跑步為目的；而在特殊活動時，則可選擇讓心情飛揚的時髦搶眼運動服，也是樂趣之一。

在跑步、特殊活動時⋯

運用時髦搶眼的運動服和其他跑者作出區隔！

流行的運動服中，有很多既時髦又色彩鮮豔的款式。穿上最能襯托出自己的運動服，出門參加活動吧！

高時髦指數的
> **圖案花樣 T 恤**

這類以圖案為主的花 T 恤，不分男女都很合適。由於花樣種類繁多，可以盡情挑選喜愛的款式。

讓身體線條更優美
> **背心款上衣**

時下流行的細肩帶背心或連身洋裝款運動服，都是女性跑者不可錯過的款式。試著搭配出充滿女性特質的活潑造型吧！

也能在平時著用的休閒款
> **外套與褲款**

活動結束後，可以直接穿著去咖啡廳也沒問題！運用這種接近一般日常穿著的運動服樣式，挑戰成為時尚造型的高手。

運用時髦搶眼的
運動服享受
活動時光！

想要主打女孩氣質的人不可錯過
▶ **滿滿荷葉邊的時髦短裙**
女性跑者必備的單品「跑步裙」。荷葉邊、花邊樣式或
是小碎花等等，都能增添跑者的個性感。

Event Style

為服裝增添幾分味道
▶ **活潑時髦的設計款腰包**
不只方便攜帶手機、零錢、數位相機，搶眼的腰包還
能夠為自己的穿搭增加造型感。

平常的運動服也能一口氣
展現華麗氣象
▶ **色彩豐富的緊身褲**
手邊的運動服大多都是簡單樸素款的人，
可以配上一件顏色鮮活的緊身褲，一下
子就能給人華麗活潑的印象。

ASICS FOOT ID 運用全球最頂級科技
亞瑟士3D足型測量
從此你對自己的雙腳真的可以「瞭若指掌」!

亞瑟士獨家開發 3D 足型測量儀器,這套系統到底有什麼神奇之處呢?
在此為你介紹分析,徹底了解自己的雙腳,才能夠對症下藥,找到最適合自己的鞋款。

足測前請先預約! 300元/次 預約電話:(02) 2778-7819
開放時間:平/假日 14:30~16:30・18:30~20:30 平均測量時間:約30分鐘

本次的測量者 P小姐

擁有長年跑步經驗,是運動型的女生。想藉由足測找到最適合的鞋款,挑戰更好的跑步成績!

STEP 1 填寫個人資料

亞瑟士的系統會依照P小姐的年齡、身高體重等算出該年齡層的平均數據,做為參考值。同時依照平時的運動狀況,調整測量的內容、速度等。如此測量出的數據才是最符合自己的。

STEP 2 靜態解析

在腳掌上各貼上三個感應貼紙,兩腳分別測量。踩入亞瑟士獨家開發的足測儀器中,機器會掃描腳型,準確測出各項資料。

STEP 5 試穿

不管有了多麼詳盡的分析數據,購買前還是要仔細試穿。店長依測量結果,為P小姐推薦最適合的鞋款。足弓較低的P小姐,店長建議的鞋款是高支撐型的GT2170!

STEP 4 專人分析解說

P小姐專屬的分析表出爐了!店長親切解說,讓測試者可以徹底了解分析表上各個數據代表的意思。

STEP 3 動態解析

穿上貼有感應貼的跑步鞋進行動態解析。系統會匯入P小姐至今的運動狀態來設定跑步機的速度。跑行時內藏的立體攝影機會全程攝影雙腳的動態。

獨家精密儀器
徹底解決雙腳的問題

台北是繼東京、倫敦、紐約後全球第 4 個亞瑟士設立旗艦店的據點。也是全球不超過 8 家設有亞瑟士FOOT ID——3D足型測量儀器系統的旗艦店之一。今天請來有長年跑步經驗的 P 小姐實際測量,讓我們一窺亞瑟士 FOOT ID的功效。

其實就算是同一個人,左右腳也都會有大小、腳跟傾斜度、足弓弧度高低等各種細項上的不同。3D足測就是可以一一測出這些平時不會去注意、卻又對於跑步有絕大影響的腳部ID,經由專人詳細解析,讓你重新正確認識自己的雙腳。對於跑步訓練計畫的擬定、姿勢的調整都有很大的幫助。

測量結果依左頁分析表所示,針對腳跟傾斜度、足弓高低、是否有外八/內八、拇指外翻等,各種最易影響跑步、鞋款選擇的數據加以分析。在了解自己的雙腳後,才能找到最適合自己的命中註定鞋款。

詳細分析測量結果
徹底了解你的腳！

POINT 2 靜態分析

足測機進行360度足型掃描所得到的資料都顯示在此。各項的中點則是依P小姐的資料對應出的一般平均值，可輕易看出與自己的差距。亞瑟士最重視的則是②、⑤、⑥三項。腳的圍度決定鞋款的楦型；足弓高度則是決定鞋款的關鍵，像P小姐足弓偏低，店長建議選擇高支撐鞋款；腳跟傾斜度是評斷雙腳是否平衡、有無內外翻的重要數據。

POINT 1

雙腳的基本資料

挑選鞋款所需的數據，都先為你整理在分析表左側。另外，當左右腳大小不一時，記得以大的那隻腳做為挑選鞋款的基準哦。

Point 1

POINT 4

專業跑者資料

透過動態測試，可以得知測試者的跑步速度（km／每小時）、步頻及步幅，是跑友及專業跑者最想知道的資料。如此一來，就能更輕易的算出馬拉松的所需時間、以及需再調整的地方。

Point 4

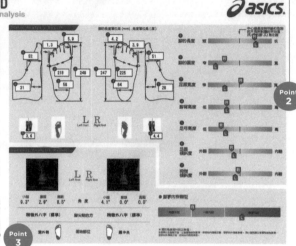

ASICS FOOT ID
your personal foot analysis

asics.

Personal Data

測量 ID	8-120712-F241
姓 名	34 23
性 別	女性
出生年份	1984
高 度	159.0 mm (62.6)
測量日期	2012/7/12
執行銷售	ASICS STORE TAIPEI

Static Data

	左腳	右腳
腳的長度	248 mm (9.7)	247 mm (9.7)
腳的圍度	218 mm (8.6)	225 mm (8.8)
足弓高度	31 mm (1.2)	28 mm (1.1)
TYPE	25.0 B	25.0 C

Dynamic Data

跑步速度	10.0 km/h
跑步狀態	ASICS跑鞋顯
步頻	167 步/分鐘
步幅	99.6 CM/步 (38.2 cm/步)

L R
Left foot Right foot

Point 2

Point 3

POINT 4 動態分析

透過內藏攝影機拍攝跑步時的動態畫面，可分析測試者是否有內八、外八等狀況，也可測量出腳掌的內旋類型。像P小姐的右腳雖然在一般範圍內，但左腳卻過度內旋，適合高支撐的鞋款。

依據測量結果找出 最適合自己的鞋款！

足弓較高的人…
吸震功能極佳的高緩衝系列

高人氣的高緩衝系列，適合足弓較高的跑者。nimbus14 是最新款，全腳掌裝載 T-GEL 將跑步著地產生的瞬間扭轉力量充分吸震緩衝，腳踝內側搭載 P.H.F 記憶泡棉提高腳踝的舒適與包覆感。有多種鞋寬楦頭可供選擇。
GEL nimbus14（男款）
定價：4,480 元 尺寸：25.5 -30.0cm

足弓較低的人…
省力輔助的高支撐系列

亞瑟士最熱賣的鞋款，也是本次P小姐試穿的鞋款，適合足弓較低的跑者。搭載最新 GUIDANCE LINE 軌跡導引系統，導引步伐至省力的軌跡上。有多種鞋寬楦頭可供選擇。
GT-2170（左‧男款）
定價：3,580 元 尺寸：24.5～30.0cm
GT-2170（右‧女款）
定價：3,580元 尺寸：23.0～26.0cm

想要先確實掌握跑步姿勢的人…
最輕量級的訓練專用鞋

今年春天新推出的 33 系列，是專門針對跑步訓練用的訓練鞋。名稱是因為人體腳部共由 33 個關節組成而得名。腳掌處的 T-GEL 使用較少，可以更直接的掌握到抓地及跑步的觸感。也是全部鞋款中最輕的一種。
GEL-LYTE 33（女款）
定價：3,080 元 尺寸：23.0 -26.0cm

ASICS慢跑教室RUNNING CLUB
不只是慢跑 更該為人生而跑

point 1
專業解說 從基礎扎根

每次練習前教練都會要求學員確實暖身（慢跑2公里）及做伸展操，針對不同主題設定，根據當天學員體能狀況適度調整，結束時也要求學員慢跑10分鐘後確實伸展收操。

ASICS RUNNING CLUB
進階教練
翁竹毅老師

由參加過多項路跑比賽，並獲得冠軍，具有行政院體育委員會初級田徑教練證，目前為台北市陽明高中專任運動田徑教練擔任指導老師。

point 3
志同道合 齊聚一堂

來自各年齡層，不分職業的人們，因為懷著一股對慢跑的熱忱，都願意拋下繁瑣日常生活，共同走進慢跑教室接受專業指導。從一群互不相識的人們，在日積月累的相處時光中，逐漸培養出革命情感，甚至像是一家人般的珍貴伴侶。

point 2
循序漸進 強化體能

每次慢跑練習時都必須注意到跑姿（抓地、推蹬）、節奏、頻率與協調性、放鬆與速度之穩定，訓練速度感之養成。每個人都有不同的體能及程度上的差別，教練也會給予個別建議及指導，讓大家都能找出適合自己的步調，跑出自信人生。

慢跑教室
踏進運動殿堂的第一步

「慢跑」看似簡單，其實蘊含不少學問在其中，不知道從哪裡開始，走進慢跑教室的場域，你就能對慢跑有更多的了解，培養正確觀念並奠定基礎。迎面走來滿臉笑容的教練，開始娓娓訴說慢跑教室的成立路程，一開始從四面八方而來的人們，沒有特定目的，沒有預設立場，只為自己的人生尋求一個目標，在運動的同時發現人生更多的意義，每次一點點的累積，都像是發現人生道理一般的珍貴記錄。

ASICS RUNNING CLUB

週三晚間七點半準時在旗艦店集合，一路步行到 小巨蛋起跑！享受都會中心台北東區的夜間慢跑時光，和志同道合的跑友共同分享交流。由專業教練指導陪伴，一起為了跑步而生、為前進世界而跑！從暖身操開始，循序漸進，搭配規律飲食及良好的運動計畫，每個人都有機會成為頂尖運動體能健將。想要累積慢跑的旅程，現在就出發！

20:15 慢跑開始！
今天的課程是繞跑標準400m操場8圈，其中1／4的直線距離以快步跑衝刺，其餘3／4則是慢跑。全程由教練帶跑，教練可都是有在注意大家的狀況的，完跑後也才能一一為參加者指點需要改進的地方！

20：45 核心運動！
慢跑教室的另一項固定重要課程，就是核心運動。今天教練準備的訓練內容十分高難度，有多少跑者成功達成了呢？

21：00 緩和體操＆解說！
在跑完8圈操場、挑戰了高難度的核心運動後，一定要好好做緩和體操調節體能狀況。最後教練也會跟大家說明今天的課程成果，熟悉的跑友們總是開心地聊著天。那麼各位，下週再見！

一起來體驗 亞瑟士慢跑教室

有時一個晚上來參加的跑友甚至高達80人以上！
亞瑟士免費慢跑教室的魅力到底在哪裡？
讓我們全程參與，徹底了解一下吧！

19:30 集合！
晚間19:30，參加者於位在敦化南路上的亞瑟士旗艦店集合！教練也和大家一起，步向慢跑場所－台北小巨蛋！直接在會場集合的人也很多哦。

20:00 準備暖身體操！
開跑前的準備體操是絕對不能少的。大家在教練的指導下，確實的進行一整套暖身體操。當然，要是對自己的跑姿、之前參賽的成果有所疑問，也都可以在開跑前和教練做一對一的詢問‧教學。

亞瑟士慢跑教室
每週三晚間19:30在亞瑟士旗艦店集合，由專業教練設計課程，每週訓練內容皆不相同，可符合各種跑者需求。參加者多為上班族，進而參加各種馬拉松賽事，並獲得耀眼成績的也不在少數，甚至有跑者因此瘦了20公斤以上哦！

亞瑟士台北旗艦店
ASICS STORE TAIPEI

來自日本的知名品牌亞瑟士，終於在 2010 年 2 月 6 日於台北東區開設了亞瑟士台北旗艦店。專為跑者設計的各種貼心服務、最新最完整的商品陳列，是跑友們不會錯過的地標。除了著名的3D足形測量，其中還設有淋浴間及置物櫃，只要是亞瑟士的會員，不論是在哪裡運動，都可以隨時使用店內的各種設備！

亞瑟士台北旗艦店
ASICS STORE TAIPEI

台北市敦化南路一段180號
TEL 02-2778-7819
營業時間 11：00～21：30
（一～四‧日）；11：00～
22：00（五‧六）；無公休日
www.asics.com.tw
部落格 www.asics.com.tw/runningblog/index.asp

NIKE、K-SWISS 也都有慢跑教室哦！

NIKE 每週二‧四 20：00 @台北信義區Neo19／每週二 20：00 台中老虎城，另外也有專門針對女性跑者的慢跑教室哦！當然全部都是免費。詳情可參閱NIKE Running Club臉書（Facebook）專頁。

K-SWISS 每週三晚間19:00／週六早上7:00，在松山運動中心或天母概念店舉行，只要加入K-SWISS會員，就可擁有最完整的慢跑課程。詳情可參閱K-SWISS Running Club官方網站（http://www.k-swiss.com.tw/runningclub/）。

擔心的事就靠它！

藏本理枝子
Kuramoto
Rieko

實際完成全程馬拉松、單車長征、鐵人三項等多項運動，對馬拉松及單車運動的相關醫療十分熟悉的整形外科醫師。在單車專門雜誌『單車俱樂部BiCYCLE CLUB』裡執筆的連載專欄也相當受歡迎。

跑者常見的疼痛問題
「預防與對策」

跑步資歷尚淺的新手跑者，身上常會伴隨著各種疼痛。
在此，就要來深入淺出地解説各種新手跑者
常見的代表性運動傷害及其預防、因應的對策！

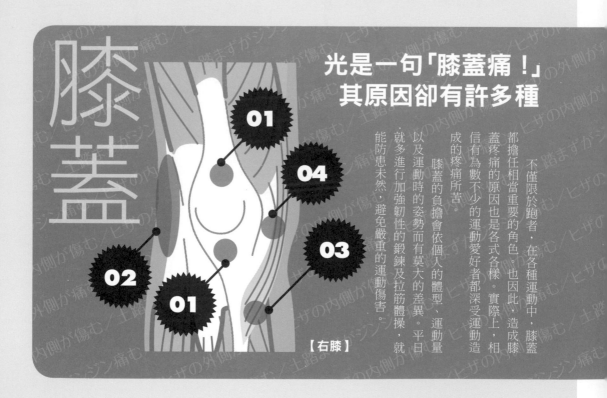

膝蓋

【右膝】

光是一句「膝蓋痛！」
其原因卻有許多種

不僅限於跑者，在各種運動中，膝蓋都擔任相當重要的角色。也因此，造成膝蓋疼痛的原因也是各式各樣。實際上，相信有為數不少的運動愛好者都深受運動造成的疼痛所苦。

膝蓋的負擔會依個人的體型、運動量以及運動時的姿勢而有莫大的差異。平日就多進行加強韌性的鍛鍊及拉筋體操，就能防患未然，避免嚴重的運動傷害。

膝蓋骨的上（下）方疼痛
【髕腱炎】

膝蓋下方的「脛骨」和連結膝蓋骨的「膝腱」承受過大的負荷時，就會引起發炎症狀，形成帶來疼痛的髕腱炎。

大腿前後方的肌群無法取得平衡的人，在跑步後很容易就會因為膝腱負荷過大，引起髕腱炎。再者，運動前拉筋不足等也有可能是原因之一。

當疼痛變嚴重時，不能勉強，暫時減少跑步量，先以冰敷（見P93）來做緩和處理。此外，在確實地施行股四頭肌或腿後腱的拉筋運動時，同時也要重視能加強韌性的鍛鍊。

髕腱炎是一種很容易頻繁復發的運動傷害，治療後，下次跑步時也別忘了先做暖身運動。

股四頭肌拉筋運動
單手抓住同邊的腳尖，把腳往後折，往大腿後側拉近。此時要注意股關節的伸展。保持動作約30～40秒。

測試股四頭肌的柔軟度
俯趴在地，單腳各別進行，將腳向後屈起，請同伴幫忙按住腳背。並請同伴稍微用力下壓即可。腳跟碰不到臀部的人，表示筋肉稍緊，運動時要特別注意。

膝蓋外側疼痛
【髂脛束摩擦症候群】

在做伸展運動的時候，大腿骨最粗的部份會和由膝蓋外側通過的細長纖維腱產生磨擦。這條長纖維腱就叫做「髂脛束」，位於身體外側，從骨盆到股關節，延伸過膝關節，到達脛骨外側。而跑步時，髂脛束會在大腿骨最粗的部位反覆摩擦，接觸過度時，就會引起發炎症狀。

這種發炎症狀叫做「髂脛束摩擦症候群」，是跑者中常見的症狀。原因可能是O型腿、長短腳等等，多不勝數。就算平時站著看起來很正常，跑起步來卻像O型腿的人，也很容易患上髂脛束摩擦症候群。

當疼痛趨於嚴重時，要盡量減少膝蓋的伸屈動作，停止會讓增加膝蓋負荷的各種運動。對髂脛束進行冰敷及適當的拉筋，可以有效地緩和症狀。

髂脛束拉筋運動：（一）
兩腳站成丁字步，上半身向側方傾倒，讓後方腳的骨盤能向旁伸展開來。手只要扶在傾倒側方向的牆壁上，進行起來會輕鬆許多。保持這個動作30～40秒。

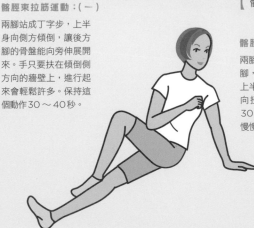

髂脛束拉筋運動：（二）
兩腳伸直坐好，屈起一邊的腳，跨過另一腳的膝蓋處，上半身往屈起的那隻腳的方向扭轉，保持這個姿勢約30～40秒。動作不要太急，慢慢來就可以。

膝蓋骨的上（下）方疼痛
【鵝掌肌腱炎】

和髂脛束相反「鵝掌肌腱炎」是X型腿（內彎足、八字腳）的人常見的困擾。大腿後方內側的肌肉－主要是縫匠肌、股薄肌、半腱肌在脛骨接合點的炎症。附近相觸所引起的炎症。附帶一提，因為大腿後方內側的肌肉，形狀和鵝的腳掌相似，於是取名為鵝掌肌。

對患部進行冷敷與拉筋體操，並暫時停止會造成疼痛的鍛鍊課程較好。此外，當疼痛治療完畢，再度開始跑步時，就當作是同時預防，在做暖身與緩和運動時，必須進行更詳實的拉筋體操。此外，腿後肌、股關節一帶的肌肉柔軟度，都是想改善肌力不足時的訓練重點。

再者，不但要修正姿勢和身體的習慣，多試試能夠保護膝關節的輔助用機能緊身褲或鞋墊也不錯。

腿後腱拉筋運動：（一）
兩腳板前後併成一直線，上半身慢慢往前彎下。伸展大腿內側的肌肉，就能緩和鵝掌肌腱的緊繃。這個動作要保持30～40秒。

腿後腱拉筋運動：（二）
單腳抬至與腰齊高的平台上胯好，上半身慢慢往前壓。藉由伸展大腿內側肌肉來緩和鵝掌肌腱的緊繃程度。動作保持30～40秒。

膝蓋內側疼痛
（一承重就痛的情況）
【膝蓋變形與半月軟骨板受損】

膝關節的骨骼，是相互嵌合一般的構造，而半月板軟骨就是居於其中，用來穩定膝蓋、緩和衝擊的避震墊。半月板受損，就形成「半月板軟骨破裂」，包覆膝蓋骨的軟骨因摩損變薄而引起疼痛，就叫做「變形性膝關節症」。

這類症狀的主因多半來自年齡增長、體重增加或過去膝蓋受過舊傷、重度勞動或激烈運動等。尤其常見於40歲以上的女性。

此外，通常在起步或起跑時就感到疼痛，這是因為關節內的潤滑液不足，造成肌肉內的血液循環不佳所致。身體持續運動後就會自然改善，正是因為血液循環變好的關係。膝蓋疼痛加重時，要盡可能避免讓膝蓋承載體重的運動，而選擇體重不需加諸在膝蓋上、僅鍛鍊膝蓋周圍肌力的訓練就好。不過，疼痛嚴重時，還是要到骨科做詳細的檢查才行。

疼痛時也能進行的有效拉筋及肌肉鍛鍊動作
把捲起來的毛巾墊在膝蓋下方，用膝蓋窩使力來壓扁毛巾，進行時要仔細掌握施力點。壓下後保持5秒。然後再慢慢地放鬆，左右各進行20次×2～3組動作，能有相當好的效果。

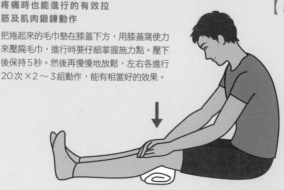

跑者常見的疼痛問題

「預防與對策」

膝蓋以下部份
最常見的傷痛

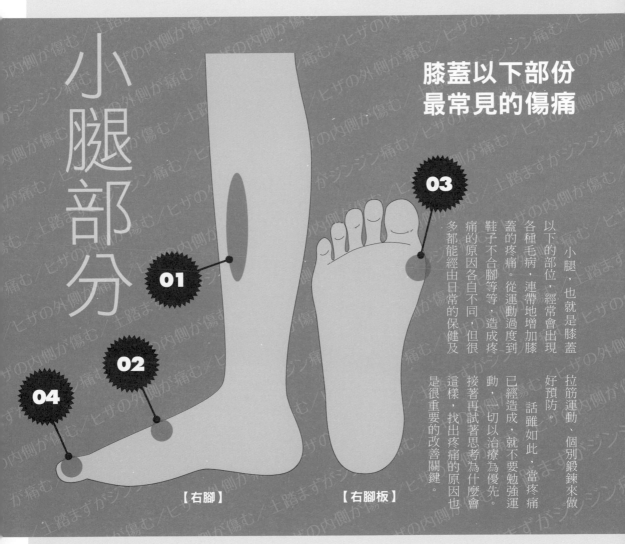

小腿部分

01

02

03

04

【右腳】　　　【右腳板】

小腿，也就是膝蓋拉筋運動、個別鍛鍊來做好預防。

以下的部位，經常會出現話雖如此，當疼痛各種毛病，連帶地增加膝已經造成，就不要勉強運蓋的疼痛。從運動過度到動，一切以治療為優先。鞋子不合腳等等，造成疼接著再試著思考為什麼會痛的原因各自不同，但很這樣，找出疼痛的原因也多都能經由日常的保健及是很重要的改善關鍵。

小腿內側疼痛
【 小腿脛痛 】

下內側部位，脛骨下方三分之一處發生疼痛的情況，叫做「小腿脛痛」。這是一種過勞性脛部疼痛（尤其容易發生在剛開始跑步的跑者身上）大多來自於過度運動。

這是人在跑步時，附著於脛骨一帶的比目魚肌及後脛肌等肌群在反覆收縮，過度用力拉扯到連接骨骼與肌肉的骨膜，造成骨膜發炎。原因除了運動過度之外，也可能是拉筋不足所造成。

首先，最重要的就是確實進行拉筋體操，提高肌肉的柔軟度。此外，足弓支撐力不足形成骨骼塌陷，也是造成脛痛的原因之一。把鞋墊換成腳板內側處有緩起的足弓支撐鞋墊，可以得到很好的改善效果。如果要繼續進行鍛鍊，不妨把運動鞋換成避震性更好的款式。

腓腸肌拉筋運動

首先將腳尖朝向正面站好，向後伸直的那隻腳保持腳跟不離地，身體往前蹲。這時，要注意膝蓋不要彎曲。保持這個動作30～40秒。

比目魚肌拉筋運動

這個動作也要注意保持腳跟不能離地，讓要伸展的的腳的膝蓋靠近地面。動作保持30～40秒。

按摩

按摩脛骨內側的肌肉相接處。此外，疼痛時進行冰敷也很有效。

腳背疼痛
【 腱鞘炎·足底筋膜炎 】

腳背痛是長距離跑者身上常見的疼痛問題之一。這是因為跑步中，著地時的衝擊反覆加諸在腳板，造成中足骨骨膜發炎或是腱鞘炎。運動過度、穿不合腳的鞋子持續跑步時，就會造成這種症狀。此外，鞋帶太鬆或太緊等，也都可能是原因所在，一定要多加注意。

初期的症狀是站立或走路時會痛，腳背腫脹、按壓時疼痛。聽起來好像不嚴重，但繼續惡化下去，甚至可能造成中足骨疲勞性骨折等大問題。

不管症狀輕重，都要慢慢靜養、以冰敷來抑制發炎症狀，直至疼痛減緩。如果是因為腳板平衡感不佳而造成發炎，選用機能性鞋墊能有很好的改善效果。另一方面，可配合進行鍛鍊腳板和腳底細長肌肉的運動操或拉筋體操。

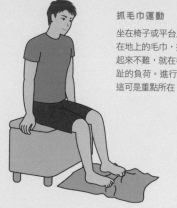

抓毛巾運動

坐在椅子或平台上，用腳趾去抓住平鋪在地上的毛巾，拉近自己。如果覺得做起來不難，就在毛巾上壓本書，加重腳趾的負荷。進行時小趾也別忘了用力，這可是重點所在。

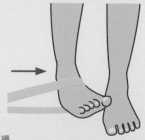

拉力帶體操

想要妥善做好預防，鍛鍊足關節周圍的肌力相當重要。不會造成中足骨負荷的拉力帶體操，也能達到很好的預防效果。以10次×2～3組為基準。

大腳趾的趾根疼痛
【姆趾外翻】

大腳趾的趾根關節呈現「く」字形扭曲的症狀，就是常聽到的「姆趾外翻」。跑步並不會直接地引起這種問題，此外姆趾外翻問題較常發生在女性身上，比例約為男性的10倍。很多時候，形成主因來自女性慣穿高跟的鞋子或鞋頭太尖，另外也有中高年齡層人士腳底肌肉萎縮、或先天性姆趾外翻等。

姆趾外翻的人跑起步來，變形而向外突出的趾跟關節會抵到鞋子，引起關節炎，造成難耐的疼痛。想要緩和痛感，鞋子的材料要力求柔軟，最好使用不會對姆趾造成壓迫感的鞋款。

當腳板的硬繭或雞眼痛時，可以貼上專用的貼布，此外，現在市面上都有販售矯正姆趾外翻的輔助墊或姆趾外翻的專用鞋墊，試用看看，有益無害。

有效改善姆趾外翻的運動：（二）
腳跟著於地面，使力讓姆趾往外張開，「用力張開腳趾」的運動也很有效果，剛開始會比較難，多試幾次吧！

有效改善姆趾外翻的運動：（一）
在地板上伸直雙腳坐好，兩腳腳跟併攏。用較粗的橡皮筋套住並排的大姆趾，以腳板為支點把腳板往外像扇子一樣打開，保持5～10秒後再恢復原來的姿勢。反覆做幾次。

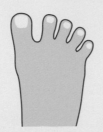
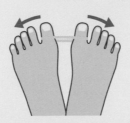
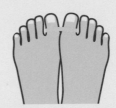

腳趾甲瘀血疼痛
【指甲瘀血與指甲倒插、爪狀甲】

常進行對腳部負擔較大的運動的人身上，經常可見這類的指甲問題。由於受到鞋子壓迫而造成指甲內出血，血液瘀積在指甲下方，就會讓指甲發黑、疼痛，這種情況叫做「指甲瘀血」。

形成原因除了鞋子太緊之外，鞋子太大使得跑步時腳在鞋裡亂滑亂撞，也會造成瘀血。再者，指甲太長、指骨的形狀異常等等，引起瘀血的原因不勝枚舉。如果是鞋子的尺寸不合，就要修正尺寸，鞋帶不能太鬆，避免腳在鞋子裡滑動。選用有止滑功能的襪子、五趾襪等等，也能達到改善的效果。

另一方面，要是指甲剪得太短或指甲變形捲成爪狀，指甲的側邊就會在生長的過程中，刺進指甲邊的皮膚裡，形成「指甲倒插」的問題。情況嚴重時，有可能發炎化膿，導致不得不求助於外科進行處理。只要把刺進指甲邊裡的指甲切除，症狀就會緩解了，可是卻很容易復發。如果指甲邊發紅、腫痛的話，除了必須到專門的醫科就診，還得注意平日就要用心預防工作，正確地修剪指甲。

外科醫生的處置方法（指甲瘀血）
到專門的醫科就診時，醫生會在指甲表面鑽出幾個小孔，藉此把瘀積在裡面的廢血導出。清乾淨後，疼痛自然會不藥而癒。盡早處理是很重要的觀念，要是嚴重到指甲都浮腫起來了，就沒辦法用這個方法解決，只能用繃帶或親膚膠帶纏起來固定，直到長出新的指甲為止。要是指甲剝落了，請到醫院接受妥善處置。

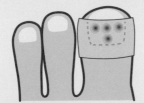

正確的指甲修剪法（指甲倒插、爪狀甲）
最重要的就是注意不要剪得太短。指甲外端稍稍突出腳趾外，才算剛好的長度。但是，指甲邊緣要是利，難免會刮傷旁邊的腳趾，或是刮破襪子等等，所以剪完指甲後，記得把邊緣的利角磨得平滑一些。

擔心的事就靠它！

「預防與對策」

上半身

01

02

跑步時會用到的
並非只有下半身

所謂的跑步，理所當然是用腳來跑，然而，重要的並非只有腳部。想要以正確的姿態跑得更有效率，上半身的配合也相當重要。因此，有沒有妥善地運動上半身，效果將大不相同，而要是以錯誤的姿勢跑步，有時甚至會造成上半身的運動傷害。只要能妥善地運動上半身，就能降低這類運動傷害的產生。

01
Prevention and Measures

肩膀疼痛、僵硬
【頸椎關節綜合症】

頸脖一帶，由七節頸椎所組成，每一節頸椎骨之間的椎間盤，如果失去彈性，塌下來的頸椎骨就會壓迫到神經叢，引起神經分佈的頸脖、背部及手臂一帶產生麻痺或疼痛感，這就是常見的「頸椎關節綜合症」。此外，它也是造成肩頸僵硬的原因所在。

隨著年齡增長，頸椎關節綜合症將越趨嚴重，尤其是40歲以上的中高年齡層更要多加注意。此外，以激烈上下躍動的姿勢跑步，也會增加頸部的負擔，需儘快加以改善。另外，跑步中要注意下巴不要過度向前突出，這點非常重要。記住要收緊下巴，專心保持動作，避免過度上下躍動。如果症狀並不嚴重，可以透過修正姿勢及頸部拉筋、特定部位的鍛鍊等措施來改善問題，也能收到預防效果。從日常生活中就要隨時留意，是預防運動傷害的一大關鍵。不過，疼痛劇烈時，千萬不要忍耐，請前往骨科或外科接受專業診治。

等距肌肉運動練習：（一）
手掌貼在側頭部，手掌和頭部同時使力互推，強化頸部的肌力。施力時同時吐氣，維持動作約5秒。各朝左右二側進行同樣練習。

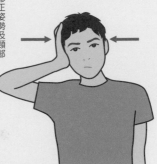

等距肌肉運動練習：（二）
兩手交握後貼在額頭上，頭和手同時用力互推。目的在於強化頸部往前的肌力。施力時同時吐氣，維持動作約5秒。

02
Prevention and Measures

肩胛骨一帶疼痛
【肩胛胸廓運動傷害】

「肩胛胸廓運動傷害」，較為人所知的一般稱呼是「肩頸僵硬酸痛」。當肩膀過度用力、手臂擺動的姿勢有問題時，肩膀的肌肉受到傷害，就會形成俗稱的肩頸僵硬。當然，還有一點也很重要，那就是日常生活中的姿勢。

尤其是平日多從事辦公桌工作的人，難免會有駝背的習慣。肩胛骨一帶缺乏運動時，會引起周遭肌肉的血液循環不良，也是造成僵硬的原因之一。

除了在本單元中介紹的訓練操之外，仰躺在拉筋彈力球上，讓背部能紓展開來的動作，也能達到很好的效果，請務必試試。另外，千萬不可忘記的是，不管是在跑步時或是在日常生活中，都不要抬得太高，或是下巴往前突出。下巴抬得太高，會造成頸椎多餘的負擔，終究會引起僵硬、肩頸疼痛的問題。

跑步時不可以突出下巴！
在跑當中，要記得隨時收緊下巴。疲勞時經常會不自覺抬起下巴，因而造成肩頸僵硬的症狀。

肩胛骨收放運動
雙手高舉過頭，做出萬歲的姿勢，假裝自己正握著一根橫桿，向下屈起手肘把手臂拉下來。每回練習以20次為基準。

有效緩和疼痛、促進治療

緊急處置的基礎知識

疼痛加劇時一定要到醫院去，相信這點大家一定都知道。
不過，要是能夠學會緊急的處理手法，在碰到傷害時立即加以實行，
之後的治療也可以事半功倍，更快地重拾跑步的樂趣！

RICE

冰敷後靜止、抬高患部加壓
一連貫的處理流程

髕腱炎、髂脛束摩擦症候群等，至今已提到許多跑者身上常見的各種疼痛及其預防法。要是能再學會多種症狀的緊急處理法，就算碰到前述未曾介紹的跌打損傷症狀，也能有效地處理。

緊急處置的原則簡稱為RICE，R代表靜止（固定）、I代表冰敷、C代表加壓，而E則表示抬高，是由四個步驟的英文字首字母所組成。在跑步中跌倒撞傷時，要先「冰敷」。以冰袋接觸疼痛部位使其冷卻，能夠有效解除腫脹刺痛的情況。

接下來的步驟是「靜止」，也就是預防患部繼續受刺激而腫脹。同時注意在保持靜止時，需將患部置於略高的位置。再來，只要透過「加壓」的緊急處理，就能有效地抑制腫脹。可用毛巾包好裝有冰水的塑膠袋來壓迫患部，就是相當有效的緊急處置。

R REST 靜止（固定）

總之要先保持靜止不動

「靜止」就是要立刻中止任何運動。話雖如此，也不能就老是躺著不動。假設是腳部受傷，那麼在疼痛減緩之後，進行僅動到上半身的運動，或是不會對腳形成負擔的肌肉訓練操就沒問題了。不過若是受傷情況嚴重，像是膝蓋感到劇痛等，就一定要將患部牢牢固定，好好地休息靜養。

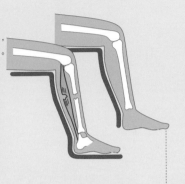

I ICING 冰敷

用什麼東西來冰敷患部才對呢？

一聽到冰敷，或許會給人一種不管用什麼、只要是冷的就行的概略印象。但是，光用濕毛巾等，並無法達到冰敷所需的效果。進行冰敷時，建議使用冰塊、保冷袋、裝了冰水的塑膠袋為佳。只要15分鐘左右，讓疼痛的部位冷卻下來，即可暫停冰敷，等到再度疼痛時才繼續下一次冰敷。在受傷後的1～3天反覆進行即可。冰敷的期間長短視受傷程度而定。

C COMPRESSION 加壓

以適當的力道加壓

「加壓」指的意思就如字面上一樣，在發生疼痛的部位施加適度的壓力。原則上力道不可以太強，一定要適中。加壓得太重，會造成血液循環障礙，受壓迫處的膚色會顯得暗沉，請依此來判斷調整力道。

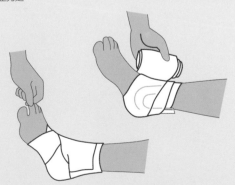

E ELEVATION 抬高

將患部固定於較高的位置

抬高的意思，是指「把受傷的部位舉高」。若是腳受傷的話，就先在椅子上坐好，前方另外安排一張椅子，把受傷的腳放上去。躺在床上時，在腳下放個枕頭略為墊高也無妨，不過沒有必要特意墊得比心臟高。

不只腳和腰！？不可不知的常見問題
伴隨跑步而生的疼痛
消除擔憂的說明指南

01

側腹痛的原因繁多

任何人都曾經碰過側腹部突然疼痛的問題，其原因可從好幾個方向來思考。

起跑不久後的疼痛，主要是因為血液全部衝往下半身協助肌肉進行動作，回流至內臟的血液不夠，導致軀幹部的血液循環不良。若是跑了一陣子後才產生疼痛，則可能是橫隔膜痙攣、內臟血液不足所造成的脾臟疼痛等。

不管是什麼原因造成，當側腹部出現疼痛時，也只能把步調放慢靜待疼痛感緩和。此外，很多時候是因為消化系統在分解食物時形成刺激，間接造成側腹痛，所以，進食最好在開跑2小時前完成，或盡可能食用容易消化的東西。

避免脫水症狀

人的體重約有60％是水份，而只要失去其中4％，人的運動能力就會下降20～30％。損失5％以上，不但運動能力和集中力會下降，還會併發頭痛、體溫調節機能障礙等問題。因此，適時適量補充水份相當地重要。

為了讓水份能迅速被身體吸收，選擇含有6％糖份的飲品較佳（果汁類的糖份過高，反而會減緩吸收的速度）。此外，人體流出的汗水中含有各種電解質（鈉、鎂、鉀等），因此在跑步時間較長時，最適合的水份補給品就是含糖的電解質飲料。補給的水份量，運動前約為250～500ml；運動中每隔15分鐘就要攝取100～200ml；過程中可分成10次左右來攝取水份，以加快吸收速度。

02

讓跑者苦惱的運動傷害不全都是膝蓋或是小腿的問題！
有時肚子的突發狀況，也會成為跑者的痛苦根源…
在此將回答各種內科相關的
代表性運動傷害問題，消除你的不安

03 超越「30公里障礙」的關鍵

在跑了30公里前後，速度便突然急遽下降的主要原因，通常都是因為下半身所儲藏的肝醣已經消耗殆盡的緣故。因此在開跑前，必須盡量提高肌肉中的肝糖比例。而碳水化合物能幫助肌肉與肝臟儲存肝醣。肌肉肝醣是肌肉在運動時的主要能量來源。

在正式跑馬拉松的前三天起，就要採取高碳水化合物的飲食，讓肝臟及肌肉盡量蓄積肝醣，有效提升身體的持久力。此外，在馬拉松當天，以一般跑者來說，要選擇以碳水化合物為主的易消化餐點，並於開跑前2小時進食完畢。在馬拉松進行當中，也要定時補充運動飲料及其它熱量，確保身體的能量。

04 為什麼經過訓練後仍無法跑完長程？

原因可以從多個方面來想，缺鐵性貧血就是其中之一。缺鐵性貧血的症狀有易疲勞、疲勞感久久不退、欠缺持久力等。

人類每天喪失的鐵質含量，成年男性約在1mg，而女性因月經影響，平均下來一天會流失2mg的鐵質。此外，運動時流的汗也含有大量鐵質，訓練期間造成的大量流汗，不知不覺間也就流失掉更多鐵質。因此，運動選手會比一般人更容易陷入貧血症狀中。一般人一天的進食量，大約可吸收10～15mg鐵質，但成功被身體吸收的僅有10%。其中，動物性食材所含有的鐵質較易被身體吸收，因此常進行運動訓練的人，平日就要記得盡量多攝取動物性食品及維它命C（可幫助身體吸收鐵質）。

還有32分鐘

06 出現紅色尿液也不必擔心

造成「紅色尿液」的原因，粗略來看有三種。首先是外觀呈赤褐色的情況，很有可能是「肌紅蛋白尿」。也就是在進行馬拉松之類的激烈運動後，受傷的肌肉組織成份會和血液一同流出，通過腎臟變成尿液排出，因而形成赤褐色的尿液。再來，就是茶黑色的尿。這可能是由於腳底板和地面相擊，血管中的血球遭到破壞，其中的血紅蛋白流洩出來，輾轉成為尿液被排出身體所致，也稱為「血紅蛋白尿」。最後，就是一般所謂的「血尿」。這是尿中含有的血液成份過高——也就是尿液中的紅血球高出正常值的情況。身體在激烈的運動時，流往腎臟的血液遽減為平時的一半左右。然後又因為運動造成的振動，使膀胱受到損傷，簡單來說，主要原因多為外傷。在中～長距離的跑者中，據估有兩成會碰到尿液呈紅色的問題。

不管怎麼說，雖都稱為「紅色尿液」，成因卻各有不同。如果不是以前曾有過重大傷病的人，通常都不是什麼大問題，只是暫時性，不需過度擔心。

05 酷暑時節要注意中暑

在炎熱的季節裡，慢跑等訓練要在涼爽的時間帶進行，同時頻繁地補充水份並讓身體休息。若在炎熱的天氣裡進行訓練，則可能造成中暑。中暑又依症狀不同可分為「熱痙攣」、「熱疲勞」、「熱射病」等等。

「熱痙攣」是四肢或腹肌產生痙攣抽筋，造成肌肉疼痛等問題，原因是缺鈉性脫水，只要補充生理食鹽水（0.9%食鹽水），就可自然恢復。「熱疲勞」則是脫水導致全身性的倦怠感、想吐、頭痛等症狀，要盡速移至涼爽的地方，鬆開衣服躺下休息，好好補充水份（0.2%左右的低濃度食鹽水）。沒辦法喝水的話，就有必要以點滴為身體補給水份。「熱射病」的特徵則是體溫過高及意識不明，最糟糕的情況甚至可能致人於死。發病後40分鐘內一定要讓體溫降下來，浸濕身體、搧風，用冰塊替側腹、大腿內側的主要血管降溫等，需要確實做好應急處置。

096

CHAPTER 3

15 ▸ 22 week

跑得更長更久，仔細思考步調問題！

以個人步調向上晉級

以個人步調向上晉級

自本階段開始，訓練的主題在於決定目標步調，讓自己能跑得更久。

也就是說，將要一口氣跨入以競賽為前提的訓練課程了。

首先利用「內山式」計算法，算出完跑的預想時數，

再從中計算平日訓練時的步調基準。

同時也將觸及比上一章更進階式的步調保持方法。

自開始訓練到現在已經4個月了。此時的訓練重點在於「跑的更久」和「用身體記住步調」。這是針對達成全程馬拉松完走所設計出來的有效課程。週末或有空的日子裡,訓練課程較CHAPTER2時更長,設定為70分鐘。平日跑步的時間也拉長了不少。

把跑步的時間・距離拉得更長！
徹底實踐以競賽為前提的訓練內容

平日 （每週1～2次）	**【1】** **慢跑50分鐘** 慢慢跑上50分鐘之久的長時間訓練。要是覺得行有餘力,就把標準步調從10分／km加快到9分／km試試。跑步時要注意「腳步的交替節拍要固定」、「身體適當放鬆」、「正確的姿勢」。
	【2】 **慢跑50分鐘→快步跑10分鐘** 視慢跑50分鐘後的身體疲勞程度,可以的話就再加10分鐘快跑,之後再仔細進行拉筋運動。 快跑時,試著專心調整出敏捷俐落的姿態。
週末（一天）	**固定步調跑70分鐘** 維持一定的步調進行長時間跑步,就叫做「固定步調跑行」。詳細可見P105的介紹,目標在於讓身體記住特定的步調感。這是針對正式的比賽而設計的訓練,在本階段的訓練課程中,是最關鍵的部份。
休息	**拉筋＋特定部位的鍛鍊** 不出門跑步的日子,就算5分鐘也好,在家中做些簡單的訓練操吧。積沙成塔,慢慢累積出肌力,持之以恆正是重點所在。這個時期中,最推薦的是能鍛鍊到深層肌肉的體操動作（見P117）。

從輕鬆跑完5公里的所需時間
導算出完跑的所需預計時數

在平常的跑步中，找出最適合自己的步調，這就是所謂的個人步調。
如果以不會喘不過氣、可以輕鬆跑行的步調＝個人步調跑上5公里，
再將算出的步調值做為競賽時的步調，就知道自己在比賽時可達到的步調，
完走所需的時間也就水落石出了。

完跑預計時間 ≠
平常1km的步調 ×
42.195

為什麼呢

路上會休息、
停下來拉筋、
步調趨緩等等…

所以

內山式！

STEP 1

計測自己
輕鬆跑完5公里所需時間

首先試跑5公里並測量所花費的時間。這時的步調，就是最符合自己能力的個人步調。跑的時候既不能太快，當然也不能太慢，要以自己能負荷的速度中，偏快的部調來跑。以「不會喘不過氣來、輕鬆地跑步」為基準。

STEP 2

5公里所花的時間
×11÷42就能導算出
競賽時的步調

將輕鬆跑5公里的時間乘以11倍。11這個數值是考慮競賽中停下來拉筋、上廁所，以及過程中步調變慢的種種情況，以內山式計算法求出的數字。接著把乘上11倍的時間數，除以42，就能算出概略的競賽步調了。

STEP 3

完跑預計時間＝
概略的競賽步調
×42.195

以寬鬆的條件計算出來的概略競賽步調，乘以42.195倍。這就是內山式的完跑預計時數。在前一個步驟中雖然以42除開了，但這裡卻以正確的42.195去加乘，計算出更貼近實際的完跑預計時數。

事前預估完跑的時間
設計更實際的練習內容

「終於能輕鬆地跑完5公里了！」或是覺得「才5公里根本不費吹灰之力」達到如此目標的人，在此階段，都該來試著估算出完跑的時間。步調就以跑完5公里的數值為準。

「完跑預想時間，難道不能用平常的步調值×42.195倍來算嗎？」彷彿可以聽見各位心中疑問，但確實不能用這麼簡單的算式概括計算。原因在於，難免得在競賽中去上廁所、停下來拉個筋、步調因各種原因而趨緩等⋯，把在競賽中流失的時間全都算進去，並從中求出合理數值的算式，就是這份「內山式競賽完跑預計時數計算表」（參考下頁表格）！

在正式的競賽中，因為太有衝勁，步調超出能力範圍因而造成無法完跑的遺憾，是入門跑者常見的失敗。如果一開始就把目標訂得寬鬆一點，正式開跑時心裡才會沒有壓力，保持平常心地發揮出訓練成果。

只要求出具體的目標＝完跑時間的話，就更能確保接下來訓練課程的調整與設計，甚至還能激發出更大的興致。

P138有更詳細的列表！

算出訓練課程中的目標步調！

以5公里的時數做為計算時的準則！

「內山式競賽完跑預測時數計算表」

平常的五公里時數	乘以11倍	除以42（1公里大約的平均步調＝競賽步調）	完跑預計時數（大約的競賽步調×42.195）
45分	495分	11分47秒／km	8小時17分
44分	484分	11分31秒／km	8小時6分
43分	473分	11分16秒／km	7小時55分
42分	462分	11分0秒／km	7小時44分
41分	451分	10分44秒／km	7小時33分
40分	440分	10分29秒／km	7小時22分
39分	429分	10分13秒／km	7小時11分
38分	418分	9分57秒／km	6小時58分
37分	407分	9分41秒／km	6小時49分
36分	396分	9分26秒／km	6小時38分
35分	385分	9分10秒／km	6小時27分
34分	374分	8分54秒／km	6小時16分
33分	363分	8分39秒／km	6小時5分
32分	352分	8分23秒／km	5小時54分
31分	341分	8分7秒／km	5小時43分
30分	330分	7分51秒／km	5小時32分
29分	319分	7分36秒／km	5小時20分
28分	308分	7分20秒／km	5小時9分
27分	297分	7分4秒／km	4小時58分
26分	286分	6分49秒／km	4小時47分
25分	275分	6分33秒／km	4小時36分
24分	264分	6分17秒／km	4小時25分
23分	253分	6分1秒／km	4小時14分
22分	242分	5分46秒／km	4小時3分
21分	231分	5分30秒／km	3小時52分
20分	220分	5分14秒／km	3小時41分

找出目標步調
挑戰「固定步調跑」!

參照前一頁的「內山式競賽完跑預計時數計算表」,
找出完跑的目標時數,進而再求出訓練時的目標步調!
為了讓身體確實記住目標的步調,
來試試極有實際效用的「固定步調跑」吧!

固定步調跑是什麼?

保持一定的步調,進行長時間的跑步。就叫做「固定步調跑」訓練法。在不勉強的範圍內設定一段較長的時間來試試看。話雖如此,時間過長還是會難以保持步調,先以60分鐘以上為一個基準階段。

固定步調跑的目的為何?

固定步調跑的重點有兩個(1)是保持一定的步調(2)長時間跑步。這兩個重點的目標都在於「讓身體記住一定的步調」。實際參加比賽時,會因為疲勞或其它各種原因干擾,很難時時保持冷靜的判斷力,所以,讓身體記住步調是相當重要的練習。

|╟| 假設是目標步調 為 8 分鐘／km 的跑者…

假設基準訓練中以8分鐘／km的步調來跑。開頭的1公里,先以稍慢的9分鐘／km來做為暖身。接著再以8分鐘／km跑70分鐘,最後的1公里再放慢為9分鐘／km。

1km	70分	1km
9分／1 km	**8分／1 km**	**9分／1 km**

步調

一開始以9分鐘／km跑是暖身用。跑完1公里,心跳數上升後,轉為8分鐘／km,盡可能跑久一點,讓身體記住特定的步調,最後的1公里再放慢,做為緩和。

時間

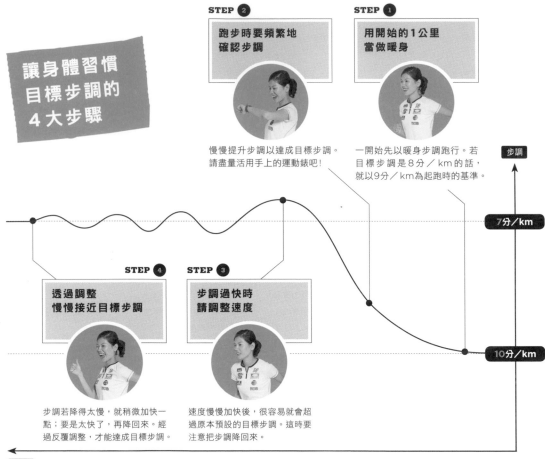

讓身體習慣目標步調的4大步驟

STEP 2 跑步時要頻繁地確認步調

慢慢提升步調以達成目標步調。請盡量活用手上的運動錶吧！

STEP 1 用開始的1公里當做暖身

一開始先以暖身步調跑行。若目標步調是8分／km的話，就以9分／km為起跑時的基準。

步調

7分／km

STEP 4 透過調整慢慢接近目標步調

步調若降得太慢，就稍微加快一點；要是太快了，再降回來。經過反覆調整，才能達成目標步調。

STEP 3 步調過快時請調整速度

速度慢慢加快後，很容易就會超過原本預設的目標步調。這時要注意把步調降回來。

10分／km

時間

把目標步調設定得比平時稍快一些，是重要的關鍵所在。訓練時，並不是馬上就以目標的步調來跑，為了做好暖身，剛開始以較慢的速度起步，接著才慢慢地拉快步調。速度要是超過目標步調，就要放慢下來；要是放得太慢了，也要再加緊趕上，力求接近預訂的步調。達到目標後，就要專心注意保持下去。

當身體記住目標步調後

先用較短的距離試跑 接著慢慢拉長跑行距離

當身體記住步調目標後，就保持這個步調盡可能跑久一點。話雖如此，畢竟是比平常稍快的步調，一開始就要持久有其難度。例如，如果預定要跑60分鐘，那麼就以剛開始的15分來調整接近預訂的步調，其後的15分要努力維持好步調，後半的30分鐘再慢慢地回復平常習慣的步調即可。

在不勉強的範圍裡
找出自己的目標步調

從輕鬆跑完 5 公里的步調中計算出競賽完跑預計時數後，接著又要來找出另一個新的目標了。

前頁附的表格，能夠將完跑預計時數一覽無遺。例如，以輕鬆自如的步調跑完 5 公里的時間為 40 分鐘（步調為 8 分鐘／km），那麼完跑預計時數就是 7 小時 22 分鐘。「可是我的目標是在 7 小時內跑完……」，那麼就反推回去計算出目標步調。38 分鐘÷5 公里＝7 分 36 秒／km，這就是訓練過程中自己要達成的目標步調。

以輕鬆跑完 5 公里的數值求出完跑的預計時數，以此為基準設定一個相距不太大的理想目標。不然身體會負荷過大，也不實際。一開始先把提高步調的範圍訂在 30 秒左右吧！拿前面的例子來說，從 8 分鐘／km 的步調提高到 7 分

36 秒／km，等到又能自在地跑完 5 公里時，再把新的目標提高到 7 分／km，原則上採取漸進式的進步法較好。

找出步調的目標後，接著進行「讓身體記住步調」的實際訓練，是相當重要的。多以固定的步調來跑，把步調目標牢牢記在身體裡。這 2 頁解說的是固定步調跑的具體訓練方法，慢慢習慣之後，就可以把它融入日常的訓練課程中。

在此建議大家採取逐步晉級的方式來做固定步調跑的練習。假設預定 60 分鐘的固定步調跑，設定 16 ～ 30 間要以符合目標的步調來跑，而前後都以較慢的速度跑行。習慣後再把 16 ～ 30 的區間拉長至足 30 分。

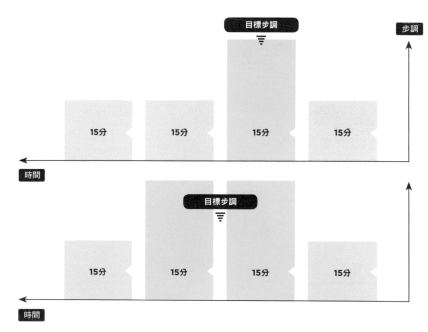

想要更方便地掌握「個人步調」
聰明活用心跳計數器！

想要找出輕鬆自在、不會喘不過氣的跑步步調＝個人步調，有個非常方便的好工具。
乍看之下會以為它是個運動錶，事實上它是一個能夠測出跑者心跳數的優秀用品。
善加運用就能有效地幫助你找出個人步調，請各位跑者聰明地活用這位好幫手吧！

心跳計數器是什麼？

心跳計數器是一種能夠測量出人體心跳數的工具。它透過感知器來測得心臟的跳動，並標示出每一分鐘內的心跳數。實際使用在跑步等運動中的心跳計數器，大多設計成手錶的樣式。結構多以綁在胸口的帶子作為感知器，測得正確的心跳，並將計算後的結果顯示在手錶型的顯示器上。

Polar RS300X

這個款式的心跳計，除了以成套的訊號發射器來計測心跳數之外，還推出了可顯示出速度的計步器組合。

善加利用
清楚掌握以自在步調跑行時的心跳數值！

心跳數是什麼？

心臟，人體中最重要的內臟之一，是負責將血液送至全身各處的幫浦。心臟在運作時，會反覆產生一脹一縮的動作，稱之為「心跳」。1分鐘內心臟跳動的次數就是所謂的「心跳數」。

心跳計數器能夠事先得知步調將過快!?

如果手邊有心跳計數器可協助計測、顯示出心跳數，就能知道現在心臟的負荷程度，也能從中掌握到目前的心跳數範圍。雖說埋頭跑著跑著，身體是否感到負荷不過來、不舒服，自己一定最清楚。然而實際上，在人體開始產生不適感之前，心跳數就已經開始上升了。也就是說，只要頻繁地確認心跳數，就可預先做出「啊、待會可能就會開始不舒服了，步調好像太快了…」這樣的判斷。

不僅限於跑步，運動時，應該大多數人都曾有過喘不過氣、十分痛苦的經驗。這是因為運動造成了心肺的負擔，間接使身體缺氧所致。心肺，如字面所示，指的是心、肺等相關的器官，當運動使身體負荷加重、缺氧時，心臟或肺部就會發出訊息，產生喘不過氣等各種症狀。

當運動造成身體負擔時，心臟的跳動間隔會變短，心跳數會比平時高。如果心跳數超過一定的承受範圍，甚至有可能會造成生命的危險。

身體靜止時的心跳數，雖因男女而有不同，但一般來說都在60～70次/分。另一方面，運動時的最佳心跳數則因體重等各種要素而各有不同。

舉例來說，「（最大心跳數－靜止時心跳數）×0.6＋靜止時心跳數＝理想心跳數」的算式相當廣為人知，可是視情況每個人的理想心跳數都有所不同，因此建議各位使用心跳計數器，同時配合過去的經驗，找出個人在運動時最佳的心跳數。

心跳計數器使用法實際演練

運動時個人最佳心跳數，他就經驗上判斷，認為「大概在130左右吧…」。
現在就請他配戴心跳計數器來實際跑行看看。

好好地競走！

03 從競走開始起步

起跑前，先競走一段路。在快步走的同頭，心跳數在此時開始漸漸上升。

02 確實做好暖身運動

不要突然就開始跑步，一定要先做暖身運動。細心是為了能跑得更安全。

01 首先把心跳計數器配戴在身上

先把裝載有心跳計數功能的運動錶戴好，接著把裝有心跳感知器的帶子綁在胸口。

狀態越來越好了！

呼！輕鬆多了

以輕鬆步調慢慢跑～

07 休息一下，確認計測結果

跑完步後進行適當的拉筋緩和運動，接著稍作休息。同頭檢視心跳計數器測出的結果，作為下次跑行的參考。

06 慢慢放慢步調

因此，開始放慢步調。回到平時的跑行步調，心跳數也穩定地維持在130。

05 慢慢地提升速度…

跑行中慢慢進入狀態，開始嘗試加快步調！不過此時心跳數卻升到160，似乎有點太過頭了…

04 試著起跑，不時確認心跳！

從競走轉換成跑行。由於是以自在的步調來跑，最佳的心跳數到達130左右。

130　160　130

心跳計數器也有各種類型！

市面上有各色各樣的心跳計數器商品。其中有必須配合感知器胸帶使用的產品、也有不以液晶面板顯示結果的款式，價格、功能也都不相同。雖然稱不上是便宜的小配件，卻是有助於管理步調的便利工具，請各位務必準備一個。

Mio Motiva

心跳計通常附載許多其它東西，這款則不需要胸帶，只要戴在手上就能計測出心跳，既簡單又好用的款式。同時還附有卡路里顯示功能。

adidas miCoach ZONE

著裝在胸口處的吊帶，會將心跳數結果發訊至錶型護腕上。視LED的燈色，就能判斷出現在的步調是否妥當。

TIMEX IRONMAN ROAD TRAINER DIGITAL HEART RATE MONITOR

以著裝在胸口的感知器及數位訊號發訊器來計測心跳。同時還附有50碼錶，除了心跳數之外，也會顯示消耗的卡路里數。

務必先學會不良跑姿的修正法

跑步時難免累積疲勞，有時不管怎麼努力，姿勢還會跑掉。有時是往前傾，有時則往下垮，跑行姿勢一旦走樣，長時間跑步將會變得很難捱。這時修正姿勢的方法就派上用場了。

NG Form
01

腰往下垮的問題

不只是新手跑者，這種腰往下降得很低的姿勢，可說是所有跑者間常見的代表性 NG 跑姿。顛顛簸簸的跑法，才會導致腰伸不直，降至比正常高度低的位置。原本在跑步時，腳必須從骨盆位置就開始往前擺動，這樣卻變成只有腳在向前動而已。腰部位置比著地的腳更偏後，也是這種 NG 姿勢的特徵之一。

原因
可能是腹肌或背部肌肉的肌力不足所造成。骨盆的動作不順，進而導致了只有腳在擺動的姿勢。此外，上半身的動作太小，力道沒辦法傳到下半身，也是原因之一。

不良影響
由於腳不是從骨盆位置就開始擺動，因此步幅無法拉大，速度也就沒辦法提升起來。此外，還會使腰部及膝蓋所受的著地衝擊力加大，間接形成運動傷害的原因。

【 FRONT 】　　【 SIDE 】　　SIDE　OK

正確的腰部高度
腰往下垮了

修正腰部向下垮的訓練操

❸ 抬高大腿，手摸膝蓋
保持雙手向斜前方伸展的姿勢，把一邊的膝蓋抬高至手可觸碰到高度。另一隻作為軸心的腳則要注意不能彎曲。左右各施行 10 次 ×1～2 組。

❷ 倒退走
往後倒退走，也要特別注意伸展膝蓋。從腳尖開始著地，另一隻腳往後踏時，要完全打直起來。施行 10 步 ×2 組。

❶ 原地踏步
以具節奏感的步伐反覆做左右原地踏步。大腿提不起來的那隻腳，要特別注意伸展膝蓋。施行 20 次 ×1～2 組。

NG Form
02

手臂沒有在擺動

手肘向後拉，讓手臂大幅度擺動，才是正確的姿勢。然而，這種NG姿勢只是肩膀在前後甩動，手肘既沒有往後拉，手臂也沒有擺動。最後只是上半身在左右往前突出，沒辦法和下半身好好配合，無端浪費許多力氣。這種NG姿勢常出現於有駝背習慣的人身上。

原因

平常的姿勢就不好、背脊呈現非挺直的狀態是這種問題的主因。也因此，手肘沒辦法做出往後拉的動作，手臂更無法擺動。此外，背部肌肉和肩胛骨一帶的肌肉僵硬、肌力不足，也是原因之一。

不良影響

由於上半身的動作和手臂擺動所產生的力道沒辦法傳到下半身，因此步伐通常會偏小。最後變成只有腳在跑動、速度卻沒有加快，造成事倍功半、份外疲勞的後果。

【 FRONT 】　【 SIDE 】　SIDE　OK

不是擺動手臂
而是甩動整個肩膀

能修正手臂沒有擺動的訓練操

② 轉身甩手運動

一邊把伸直的手臂向前後甩，一邊把上半身往側面轉，同時間下半身則要往上半身的反方向扭動。這個動作可以加強跑步時手臂擺動的感覺，讓身體記住。做10次×1～2組。

Level UP!

想要做進階版的訓練時，手臂可以採取跑步時的姿勢，加強練習手肘往後拉的動作。

① 原地站好擺動雙臂

原地站好，兩手臂同時前後擺動，注意盡可能讓手臂擺動得更大一些。視線保持朝向前方，同時打直背脊。施行10次×1～2組。

Level UP!

兩手臂分別往前後擺動。和跑步時相仿的擺動姿勢，修正效果更佳。

上半身過度前傾

不自覺地「想跑得再快一點！」這是新手跑者常見的情況。由於心情上跑得比身體還快，不知不覺中上半身也跟著向前傾了…。當身體的軸心往前傾斜時，就會出現下半身跟不上上半身速度的情況。腳也沒辦法順暢地往身體前方，對腰和腳都造成額外的負擔。

原因

原本應該要伸直背脊、挺直的上半身，如今卻變得向前傾斜。這是因為想要加快速度的心情太強烈而使得身體跟著向前的緣故。首先試著冷靜情緒、放鬆心情吧。

不良影響

腳部、腰部承受過多負擔時，就容易引起傷病。加上往前踏的腳，動作也會因此變得顛顛簸簸，身體沒辦法流暢地往前送出去。最後導致易累積疲勞的結果。

【 FRONT 】　　【 SIDE 】　　SIDE

OK

上半身太向前傾

能修正上半身過度前傾的訓練操

❸ 原地踏步擺腿

像做原地踏步似地，把大腿抬高並往後踏，反覆進行這個動作。腳往後劃時，背脊必須保持挺直。施行20次×1～2組。

❷ 手扶在牆上，腳跟反覆抬起和放下

兩手扶在牆上和肩膀齊高的位置，腳跟踮起後又放下。以腳尖著地的姿態，集中精神注意伸展背部肌肉。施行20次×1～2組。

Zoom UP!

❶ 伸展胸膛，打直背脊

屈起手肘，讓兩手併攏在胸前做開合動作。打開時要盡量展開胸口，注意背脊要確實打直。施行10次×1～2組。

NG Form
04

上半身 向後仰

和上半身過度前傾的NG姿勢相反，這次是上半身向後仰的情形。由於下半身往前突出，造成上半身沒有跟上動作。這是一股作氣拼命跑的時候常見的姿勢，常見於新手跑者身上，甚至在馬拉松大會上都常見到這種NG姿勢。

原因

想讓腳盡量往前跑的心情太強烈，結果使上半身反而跟不上動作，是造成這種姿勢的原因之一。這會讓腳跟沒辦法順暢著地，讓腳發揮不出往後踢的力道。

不良影響

往前踢出去時，腳因為沒有辦法使力，使得膝蓋無法打直地踢出去。對速度和時間上都會造成負面影響。此外也很容易讓肩膀用力過度，加速疲勞產生

【 FRONT 】 **【 SIDE 】**

身體後仰

Side OK

能修正上半身向後仰的訓練操

❸ 保持腰部壓低的姿勢前進

手插在腰上，以半蹲的姿勢往前走。動作時要注意腰的高度需保持固定，專心地向前走。10步×1～2組。

❷ 往後上踢的踏步動作

踏步時抬起的腳，自膝蓋往後做出上踢動作。往後上踢時，上半身要順應力道往前調整。施行10次×2組。

❶ 在原地把腳往前踢

像做原地踏步般從膝蓋開始把腳往前甩，腳踢出去時膝蓋要打得夠直，注意上半身保持挺直。施行10次×2組。

想要更加提升能力…其一
嘗試坡道跑行！

目前進行過的都是基本性的跑步課程。
相信各位已經能夠自在地做固定步調跑了。
現在就要來介紹幾種適合有志進階的跑者們挑戰的訓練法。

坡道跑行能帶來這些效果！

① 大幅提升肌力！

② 甚至可以提高心肺功能

③ 打下基礎、練出敏捷動作

UPHILL ROAD
上坡道

碰到上坡道，很容易比在平地跑時用上更多力氣，事倍功半。一旦感到累了，身體就往下垮；同時又太想著要往前衝，步幅反而跟著變大。

**基本技巧
採取跟平地跑時
同樣的姿勢！**

POINT 1
身體不要
過度向前傾

POINT 2
縮小步幅
加快腳步交替

POINT 3
跑的時候臉要抬高！
不要往地上看

POINT 4
手臂要和在平地跑時一樣
大幅度擺動

坡道跑行時常見的 NG 姿勢

坡道上身體常會不自覺地往前傾。這樣會加重大腿的負荷，造成疲勞加速累積…。

上坡道跑行具有高度訓練效果！

即便是跑步的老手，也可能對上坡道沒轍。然而，只要使用正確的跑姿，就能克服坡道！

一進入上坡道，步調下降是極其自然的事，如果用和平地一樣的步調來跑，很快就會感到疲勞，不妨放慢速度。全程馬拉松不是短時間決勝負的競賽，以平均的步調來進行，才是成功的關鍵。步調暫緩，並不需要在意。

上坡時要把步幅放小，腳步的交替要快速且有節奏感，盡量降低體力消耗。理想的步伐交替可以平地的慢跑為準。

用正確的姿勢來跑上坡道，具有莫大的訓練效果。不只增強肌力，還能提升心肺功能，建議可在平常的訓練跑行路線中也安排一些坡道路段。

另一方面，跑下坡道常會發生加速太快、或是太頻繁煞住腳步，導致跑行姿勢走樣的問題。這些情形都會加重身體的負擔，必須小心避免帶來運動傷害。

POINT 4
腳要在比身體更前面的位置著地

禁止全速狂奔！

POINT 2
注意不要讓上半身過度往前倒

DOWNHILL ROAD 下坡道

跑下坡道，常會不自覺地加快速度。這樣跑會加重膝蓋的負荷，要注意避免步幅跨得太大，同時上半身也不能過度前傾。

POINT 1
步幅自然地跨大不需要特別縮小

POINT 3
跑下坡道時手臂一樣要大幅度擺動

常見的下坡道NG姿勢

NG! 不小心過度前傾
跑太快時讓身體就容易向前傾。會造成大腿肌肉的沉重負擔，須小心避免。

NG! 不小心過度往後仰
心裡太急於要煞車，結果造成了膝蓋和腰部的重荷。記住身體的中軸要保持筆直。

什麼是漸進式跑法？

也就是「Build Up」，逐步增加的意思。依照事先設定的各種不同步調去跑行一定的時間或距離的一種訓練法。步調慢慢變快時稱之為「Build Up」，而後半步調逐漸放慢，則叫做「Build Down」

漸進式跑法的好處是？

從較慢的步調起跑，再循序加快步調。以一定的時間為間隔，分別用不同的步調來跑，能夠帶給身體刺激，同時有效提升肌力。此外還能一次體驗到多種不同步調，能讓身體記住步調的感覺，也是它的好處之一。

想要更加提升能力…其二
嘗試漸進式跑法！

在上、下坡道跑行之餘，要是還追求更進階的跑法，
漸進式跑法可是少不了的課程哦！
跑步過程中逐步加快步調，然後再依次放慢，
這種訓練方式，其中隱含的意義是什麼呢！

ⅲ 將目標步調設定在 7分鐘／km的跑者…

以9分鐘／km的速度起跑，同時達到暖身效果，接著將速度拉升到8分鐘／km，然後進一步到達目標7分鐘／km後，盡可能以此速度跑久一點。後半段則改為漸進式放慢。整個過程裡，時間和距離都必須控制在不會過度勉強的範圍內。

7分／1 km

8分／1 km

8分／1 km

9分／1 km

9分／1 km

← **Build Down**

Build Up ←

Level UP!

進步再進步！

類似固定步調跑卻又大不相同的「漸進式跑法」

漸進式跑法的好處之一，是一種更進階的訓練。由於涵括了多種不同的步調，定步調跑相似，但漸進式跑法。基本上和P103所介紹的固力。培養出對步調的判斷能調，在於可以讓身體體記住多種步

在實際的比賽過程中，會因為疲勞而失去管理步調的餘力。這種時候，如果身體本身已經記住步調的感覺，就有可能在重要時刻找回該有的步調。此外，漸進式跑法是在一定的時間內以多種步調跑行，所以也很適合沒有太多時間練習的跑者。

114

融合坡道跑法和漸進式跑法
內山式課程

既然知道了坡道跑法和漸進式跑法這兩種訓練方式
怎麼能不好好善加運用在自己的訓練計畫裡呢！
現在要帶給各位的就是使用 CHAPTER3 的課程規劃而成的進階版計畫！

Level UP! · 1

利用坡道跑法一口氣增強肌力&心肺機能！
在正式比賽時才能放手去跑！

一定要
試試！

平日 （每週1～2次）	【1】 **慢跑50分鐘** 持續跑50分鐘的訓練 試著把步調提高到9分鐘／km 要是還應付得了，就再加進坡道跑也不錯！
	【2】 **慢跑40分鐘→快步跑20分鐘** 慢跑40分鐘後，再多加20分鐘快步跑， 並同時加入訓練拉筋內容。 快步跑時要專注於保持敏捷俐落的跑步姿態。
週末（一天）	**包括坡道的路線規劃 固定步調跑70分鐘** 保持目標步調跑70分鐘， 前後以稍慢的速度各跑1公里 做為暖身與緩和運動。
休息	**拉筋＋特定部位的鍛鍊** 就算是進階的訓練內容，適當的休息仍然很重要。 不過，為避免肌肉狀態下降，休息的日子裡利用訓練操 來保持、加強肌力也一樣重要。

這是以P98的訓練課程修改而成的進階版本！週末的訓練課程裡加進了坡道路段，如果平日的內容已經不成問題，就來挑戰坡道吧。

不只要完跑
還要跑得更接近目標時間！

坡道跑法和漸進式跑法，都不算是能輕鬆完跑的課程。但還是希望各位能視自己的體能狀況，試著去挑戰看看。只要能完成這兩份課表中的內容，不但得以完跑，說不定還能跑出一份亮眼的時間成績。這份訓練課程就是有如此的顯著效果！

話雖如此，但在嘗試這兩份訓練課程時，要是感到吃力，就還是先回到P98的正規課表，不要勉強。

這份課表，比上頁的訓練課程更加充實。在平日就開始跑坡道，週末則挑戰漸進式跑法，鎖定目標全心提高跑步能力！

Level UP! · 2

晉級再晉級！加入漸進式跑法
讓身體牢牢記住步調感！

平日 （每週1～2次）	**【1】** **規劃包含坡道的路線 慢跑50分鐘** 雖然只是慢跑，但時間足足有50分鐘。 選一條地型有上下起伏的路線試試看吧。 就算是比較平緩的坡度也OK。
	【2】 **包括坡道的路線** **慢跑40分鐘→快步跑20分鐘** 不只進行慢跑40分鐘，還要加上快步跑 其實只選一種也可以，但跑有坡道的路線時， 還是以能同時訓練慢跑跟快步跑的做法最好。
週末（一天）	**漸進式跑法70分鐘** 有時間的話就來挑戰漸進式跑法！ 一邊參考P114的解說，以目標步調為基準， 整個過程中至少要定出三種不同的步調。
休息	**拉筋＋特定部位的鍛鍊** 同樣地，稍微吃力的訓練過後，還是得適當休息。 休息的日子就算只花5～10分鐘也好， 要記得做拉筋及訓練操，避免肌力下降。

深層肌肉鍛鍊體操

更積極地投入訓練

經過了各個訓練課程，和幾個月前相比，相信各位的肌力都已經躍升了數倍。

此時，為了更確保全程馬拉松的完跑率，積極地運用這些鍛鍊操來獲得更穩定的肌力吧！

被稱為深層肌肉的髂腰肌，顧名思義，位在腰部一帶。負責讓骨盆扭轉、提起大腿等重要的任務，可說是跑步運動中極為重要的肌肉。

深層肌肉是「藏」在身體內部的肌肉？

深層肌肉指的就是位在身體內側的肌群。腰大肌、髂肌的總稱——髂腰肌，就是代表性的深層肌肉。髂腰肌對大腿及骨盆的動作有很大的影響，對跑步來說是不可不重視的肌肉。現在，就以鍛鍊髂腰肌為主，介紹幾種能夠達到訓練效果的體操。

要充滿韻律地接著做

01 挺身觸膝運動

屈起膝蓋仰躺在地上。一股作氣抬起上半身，同時用右手輕觸左膝蓋，再用左手摸右膝蓋，然後才躺下。反覆進行以達到訓練效果。這個動作需要瞬間爆發力，進行時負荷偏高。左右各進行10次×1～2組。

Level UP!

Zoom UP!

想要提高動作難度時，可以在抬起上半身準備觸摸膝蓋時，同時把膝蓋抬起來靠近身體。

Zoom UP!

Level UP!

若還想再增加難度，除了把腳抬起來，手觸摸的位置也可以從膝蓋換成膝蓋外側。

02 踢腿運動

腳跟不要
接觸到地面！

仰躺在地，兩手交疊在腦後。併攏雙腳屈起膝蓋，
接著往腳底的方向踢伸。兩腳要確實併攏，做
出向腳底方向推出去的動作。重點在於進行動
作時，腳要完全浮在空中。進行10次×1～2組。

腹部肌肉感到吃力時，很
容易就會把腳往下放，這
樣效果可就大打折扣了，
一定要小心。

03 運用椅子來做抬腿運動

腹部要
一口氣施力

運用椅子之類的平台，進行鍛鍊深層肌肉的
體操。和02一樣把雙手疊在腦後，仰躺在地
上。先將小腿放在椅子上，接著開始反覆做抬腿、
放下的運動。注意力要放在腹肌上。進行10次
×1～2組。

04 背部挺身運動

頭也要做出
往上的動作

下半身完全著地，以手臂的力量把
上半身撐起來。視線一開始看著地
上，隨著腹肌用力抬高臉，帶領上
半身伸展得更徹底。如果動作太激
烈，會造成腰痛，所以要慢慢地進
行。進行10次×1～2組。

06 跟上節奏明快地進行！

抬腿轉身運動

抬高腿，上半身同時做扭轉的動作。抬起左大腿時，身體就向左邊扭；抬起右大腿時，身體就扭向右邊。重點在於背脊要打直，充滿韻律感地左右交替。進行10次X1～2組。

× NG!

上半身如果往前傾，效果就沒那麼好了。進行時背一定要打直，視線看向正前方。

07   四肢平衡運動

以四肢著地的姿勢，同時抬起右手跟左腳，保持10秒鐘後才放下。接著左右交換，進行同樣的動作。動作以不會吃力為前提，重要的是臉要抬高。雖然抬起的腳保持膝蓋彎曲，但要注意腳尖和膝蓋不要晃動。左右各保持10秒×3次。

Level UP!

抬起的膝蓋不要放彎，整條腿伸直，就是這個動作的升級版。伸長的手腳要像被拉出去似地，盡量伸展。

05 一口氣向前踏出

弓箭步

從原本站直的姿勢，單腳往前踏一大步，壓低腰部。保持姿勢約10秒，注意刺激腹部肌肉。這個動作還能同時鍛鍊大腿肌肉。左右各保持10秒×3次。

俐落地把單手單腳抬高

08 俯趴抬腿運動

俯趴在地上，採取兩手離地，臉部抬起的準備姿勢。接著用左手處碰右腳腳跟，接著再換邊。動作時要規律地跟著節拍左、右、左、右來進行。臉則要朝向手伸出去的方向。左右各進行10次×1～2組。

以輕快的節奏進行

這個體操的效果來自臉和上半身的動作，如果只是趴著伸手去碰腳跟，會完全達不到效果。盡量發揮瞬間爆發力吧！

NG!

10 抬頭伸腿運動

重點在於筆直的腳

採取四肢著地的姿勢，讓一邊的膝蓋離地，朝後伸直抬高。踢伸出去的同時，頭也跟著抬高，讓視線朝向正前方。伸展身體時，注意力放在腹肌，並且記得保持背脊打直。左右交替進行10次×1～2組。

09 俯身抬頭抬腿運動

俯趴在地上，兩手交疊在臉前方，把下巴靠上去。兩腳打開與肩齊寬，同時把頭和單腳抬高，左右交替進行。這個動作不要慢慢地做，而是要一口氣抬高，然後跟著節拍奏換邊、再換邊。左右各進行10次×1～2組。

在不勉強的範圍內輕快地進行

CHAPTER 4

23 ▶ 24 week

比賽前2週！

不勉強，進行
輕鬆自在的
訓練內容

不勉強，進行
輕鬆自在的訓練內容

這個時期容易覺得「比賽就要到了！
一定要把握最後機會多跑多練！」因而拼過頭。
但是，一路穩紮穩打訓練到現在，卻在最後時刻逼得太緊，
反而會對至今累積的成果造成反效果。
距離比賽最後的2週，要控制運動量，
僅以輕鬆自在的程度進行訓練，
讓身體充份休息，在上場前做好萬全的準備！

讓身體在正式比賽前休養生息
以5公里的輕緩訓練為主的課程

平日 （每週1～2次） 每週只進行一次的人，就選一個想試試看的訓練課程來實行吧。	**【1】** **慢跑5公里** 慢跑5公里，進行輕微的訓練內容。 在CHAPTER 3裡曾介紹過，輕鬆跑5公里的步調，是個人的最佳步調，所以這個訓練同時可以讓人再次確認5公里時數。 **【2】** **慢跑2km→快步跑3km** 不僅限於慢跑，同時兼顧慢跑與快步跑的平日課程。一邊確認自己的步調，一邊重新檢視跑步的姿態。不要衝過頭，抱著悠閒的心情跑步就好。
週末（一天）	**固定步調跑5公里** 以正式比賽時的目標步調為準，進行固定步調跑。距離只要以當初計測時間的基準距離＝5公里即可。這是正式出賽前的重要時期，千萬別忘了暖身運動。
休息	**拉筋＋訓練操＋散步** 進行訓練操等避免肌力降低的運動。進行約10～15分。此外，到附近散散步就可以了。預防腳力下降、保持至今累積出的成果就好。

到了正式出場前2週，採取以距離而非時間為基準的輕緩訓練內容。就如P100所介紹，5公里是當初計測比賽預定步調時，做為基準的距離。所以這份課表，同時可讓人再度確認完跑預定時數。此外，整體目標是要徹底消除至今累積的疲勞，以及保持住跑行力。

以放鬆的狀態渡過
養精蓄銳 調整體能狀態的2週

終於到了競賽前2週！也許這是個緊張感高漲的時期，
但也正因為如此，才更要放鬆。穩定心情，
此時的訓練課程是為了療養這些日子累積出來的疲憊，
同時養精蓄銳，調整體能狀態。

穩定雀躍的心情
以萬全的準備應戰

正式比賽的日子終於逼進眼前！為了能夠讓一路辛苦訓練下累積出的成果發揮得淋漓盡致，這段時間一定要好好地養精蓄銳。第一次參加馬拉松大賽的人，這段期間可能會整天坐立難安，請務必放寬心，讓情緒沉澱下來。比賽前2週應該致力於保能應付自如，情緒也較穩定。

持跑行力，因此將訓練內容安排得較輕鬆些。

這2週進行輕微訓練的同時，仍有數個重點需要注意。如右上的表單所列，像是配合當天的行程，先把一整天要進行的事項列出來並預先演練，當天自然能應付自如，情緒也較穩定。

比賽前2週的訓練重點

1　依比賽當天行程
　　先安排好一整天的行事表

2　跑行5公里，重新確認
　　自己的比賽步調

3　事先準備好競賽當天所需的用品

4　調整飲食讓身體保持最佳狀態

AM6:30

攝取跟比賽當天相同的早餐

決定好比賽當天早上的進食內容，預先在同樣的條件下吃一樣的東西。關於飲食，可以參考P129開始的單元內容，考量各飲食的營養價值。

AM6:00

在開跑前三小時起床

考量早餐、準備比賽的時間及前往會場的交通時間，再定出妥當的起床時間。前一天早點就寢，讓自己睡飽一點。

假設正式開跑的時間在早上9點…

利用週末等時間充裕的日子，依照比賽當天的行程事先演練一次。可參考下方的行程，是以9點開跑的大會作為假想對象。可依實際參加的大會時間帶加以調整。

124

AM7:30

盥洗更衣
簡單地做做拉筋體操

換衣服、上廁所等等，差不
多到了該動身前往會場的時
間。出門前，最好先在家裡
做些簡單的拉筋運動。

AM8:00

為了確實暖身
輕鬆地慢跑一下

由於假設「到達比賽會場後
做個簡單的暖身」，所以輕鬆
地慢跑一陣子，稍加刺激身
體也不錯。

事先演練當天行程

AM8:30

想像現在是「在起點等開
跑」的時刻專心地拉筋

開跑前30分鐘，必須到起點
待機。現在便假想是當天在
等待開跑，好好地活動筋骨，
專心拉筋。

AM9:00

配合正式比賽的開跑時間
開始今天的訓練內容！

配合正式比賽的開跑時間，
開始訓練課程。如果能一邊
想像屆時開跑的情況，模擬
演練的效益就更大了。

競賽當天之前就要準備好
大會當天必備的實用品

衣服和帽子全都準備好了！真的只要這樣就夠了嗎？
比賽2週前就要開始慢慢備齊各種用品。
內山老師建議各位準備的用品，全都在這裡！

該帶的用品
都放進
腰包裡！

CASE 01
比賽中要帶的東西

食物

鹽

跑行時身體會因為汗而流失鹽份。用小容器隨身帶一點鹽，途中可不時補充。調理用的鹽雖然也可以，但含有礦物質的礦物鹽更佳。

熱量補給食品

比賽後半，鬥志會逐漸下降，此時補給食品能有效改善。平常就可以多試幾種，挑出喜歡的味道或偏好的類型

糖果

最好也帶一些能夠攝取到熱量來源——糖份的糖果。不僅能輕易地補給營養，還能讓人轉換心情，腰包裡不妨多放幾個。

梅干・梅子類的點心

也帶一些梅干或梅子類的點心、糖果。除了鹽份之外，還可攝取到回復疲勞的檸檬酸。對跑者而言，是再好不過的隨身點心了。

肌膚保養

BAND-AID

OK繃

比賽中腳被鞋子磨破、跌倒時造成的擦傷等等，有OK繃處理起來就方便多了。不必帶盒子，只要帶幾片OK繃就行了。

抛棄式雨具

不僅用來應付下雨，碰到刮風、寒冷時也很好用。此外，記得要選不用時可以隨時扔掉的抛棄式。

其他

面紙

受傷或想上廁所時，總是少不了它的重要幫手。還有，當在路邊加油的人送上慰勞食品時，面紙也能派上用場。

防曬乳

對於完跑要花上一段時間的入門跑者來說，防曬乳是必備的用品。請選購不怕流汗的防水型號。

CASE 02
有了它就更方便！小幫手用品

凡士林

股關節、腋下、脖子等這類容易和衣服摩擦、疼痛的地方，可使用凡士林等乳霜來防護。

太陽眼鏡

因為刺眼的光線而一直皺眉的話，會增加疲勞感，集中力也會下降。選購時要挑不會因為流汗而滑動的運動款太陽眼鏡。

消炎噴劑

大腿或小腿拉傷時，立即噴上藥而噴劑，疼痛就會緩和下來。帶著以備不時之需。

保冷劑

最好攜帶這類完跑後立刻能拿來冰敷的用品。疲勞的肌肉、曬傷的皮膚都得靠它迅速冷卻。

攜帶式音樂播放器

在長時間跑行中感到疲勞時，可便利地用來轉換心情。邊聽音樂，還能幫助人保持步調！

拖鞋

跑完馬拉松後，腳部會疲勞不堪。把拖鞋收在行李中，賽前放至寄物櫃或請工作人員看管就不怕累贅了。

比賽數天前～當天
現在開始至開跑前的生活方式

離正式比賽只剩下 2～3 天了！緊張感已經飆到最高點！？
這個時期，一定要注意飲食等生活細節，務求做好最萬全的準備。
本單元整理出幾個必須詳加確認的重點，請仔細閱讀，做好心理準備、
鎮定地迎接比賽到來，當天的行事也才能更加順暢。

刻意攝取比平日更多的碳
水化合物。除了米飯之外，
年糕、義大利麵、麵包等
主食都可以。

飲食的相關資訊
詳見 P144！

2～3 天前起

||| **飲食也得注意！**
讓身體轉變成比賽的模式

比賽前兩三天起，一定要特別費心於飲食的內容，
進食要以能增加比賽持久力的碳水化合物為中心。碳
水化合物能夠讓身體蓄積持久系運動的能量——肝
糖。這種飲食方式叫做「肝糖超補法」，也可預防鬥
志低下。

注意情緒不要過於緊張
鎮定地迎接當天來到

比賽近在眼前，就算心
裡不想也很難真的不在意，
但要相信自己日積月累的訓
練成果，放鬆身心地渡過這
幾天。

不僅限於比賽前幾天，
平時就要用心管理身體健
康，多加注意飲食。到了比
賽前，更要多攝取比賽中所
需的營養。此外，有些比賽
不接受當天報名，必須提早
提出申請，一定要小心。

前一天，可以用力地想
像明天正式上場時的情況，
再度確認隨身用品、開跑時
間、場所等是否都已清楚，
早睡早起，專心調整好身體
狀態，達到萬全的準備。至
於當天，就依「時間充裕的
行程表」來行動吧。

前一天

 事先演練當天的行事順序確認各項重點

比賽前一天一定要演練一次正式比賽時的流程（詳見P124），並參照左側的表單，仔細確認各項細節。前一天晚上早點就寢，除了早起確保充裕的時間之外，最好再撥時間把品做一次最後檢查。接下來，就專心迎接真正的比賽吧！

☑ **比平常更早一點起床**

比賽的當天早上，要是遲到的話，一定會手忙腳亂地急著趕往會場。為了讓前一天晚上能睡好，最好從前一天早上就刻意早起。

☐ **訓練內容要輕緩克制一點**

明天就正式來了，或許各位會鬥志高昂地急欲奔跑，但請務必克制心情。為了讓過度訓練，跑行距離定在3～5公里就好。

☐ **隨身用品的最後檢查**

再重新檢查一次，是否已備好背號或抵押用的證件等。如果大賽還發給跑者計時用的晶片，不妨前一天就先安裝在鞋子或衣服上。

☐ **確認開跑時間與場所**

再確認一次開跑時間，好讓自己安心。有的大會必須當天提領背號，事先問清楚提領地點、開跑位置 也會更放心。

☐ **確認會場有沒有更衣室**

事前要確認會場有沒有地方可以換上運動服。有時候碰到沒有規畫更衣室的比賽，就得在洗手間換衣服。有些人甚至會帶換衣服用的帳蓬式更衣室。

☐ **前往會場的交通**

鄰近賽道的一般道路，在當天通常會為了馬拉松而進行管制。因此前往會場的交通方式很有可能與平常不同，一定要小心。比起開車前往，搭乘大眾運輸較為妥當。

☐ **和來加油的朋友選定會合地點**

如果有朋友要來替自己加油，最好在進入會場前就先決定好會合地點。有些會場的起跑點只有跑者可以出入，加上會場也非常混亂，先決定好會合地點為宜。

☐ **晚上早點用晚餐早點就寢**

前一天晚上，要視隔天的起床時間，規畫好足夠的睡眠時間，早點就寢為佳。因此，晚餐也要早點用。就消化方面來看，用完餐後最好也休息一陣子再上床睡覺。

當天

 預留足夠的時間處理報到或行李寄放！

當天不管做任何事，都一定要預留好足夠的應變時間。到了大賽當天，會場周邊可能會進行交通管制，交通時間也要預留得比平常多。整體來說，要以能夠在開跑前1小時30分抵達會場為前提。行李寄放處通常人滿為患，也要多留點時間在這裡才行。

如廁先在家裡解決

在前往會場之前，最好在家裡先上完廁所。也因此，要早起、選擇好消化的早餐。會場的廁所通常得大排長龍，考慮到這點，還是在出門前先解決為妙。

3小時前！

在開跑前3小時起床

考慮到早餐的消化時間，再晚也要在開跑前3小時起床。早餐選飯團或麵包等含有碳水化合物的食品為佳。另外烏龍麵也是很好消化的碳水化合物菜色。

不只是大腿或小腿，上半身的肌肉也要徹底拉筋活絡一下。在開跑前做體操，才能跑得更安全。

報到
領取背號

如果是像東京馬拉松大會和火奴魯魯馬拉松大賽，事前就已經先領取好背號、或是在賽前就已郵寄背號給跑者的，當天就不必再到報到處；但如果當天才領，就必須先到報到處。報到處通常擠得水洩不通，需多留點時間以策安全。

 1小時30分前！

動身前往會場！
在開跑1小時30分前就要抵達！

來吧，動身前往比賽會場。若是參加海外的馬拉松大會，大多會留宿於附近不遠處，很多人會直接慢跑到會場，當做暖身。

換上比賽用的運動服

換上為比賽而準備的運動服吧。會場內如果設有更衣室就在更衣室換。有時更衣室會擠到不敷使用，也可以帶個更衣用的帳蓬，只要找個不會妨礙到別人的地方迅速換完就好。

寄放行李

毛巾、拖鞋、保冷劑或藥用貼布等等賽後才會用到的東西，不妨裝成一個包包拿去寄放。這裡通常也是人滿為患，需多留時間為宜。寄放的行李到時可在終點處領取。

  40分前！

開始做暖身運動

由於起點會非常擁擠，很難找到寬敞的地方。因此到起點去之前，就要先仔細地做好拉筋體操，參考P132的內容，徹底做好暖身。

前往起點！

時間終於逼近，該動身前往起跑點了。東京馬拉松大會和火奴魯魯馬拉松大賽，會聚集數萬名跑者共襄盛舉，熱鬧程度保證讓人大吃一驚。同時相信情緒也會隨之高昂起來，一定要穩定心情。別忘了上廁所、水份補給、做好事前皮膚護理。

☐ **盡早如廁完畢**

前往到起點時，就算只有一點點感覺，也要盡早去上廁所。廁所幾乎永遠都擠滿人。

☐ **補充水份＆營養**

在開跑前，稍加補充水份，吃些營養的補給食品也不錯。尤其是開跑後就不方便進食的東西，就要趁這時候。

☐ **事前做好皮膚護理**

擦防曬、在腳上貼好防止擦傷的OK繃等，要是忘了事先完成，就在起點處理好吧。

為了在正式比賽時發揮出最強實力！

比賽即將展開
利用「部位個別拉筋操」來徹底活絡身體

令人期待萬分、心跳不已的比賽當天。穩住心情，好好地活動身體筋骨，調整出最佳的身體狀態吧。

這裡要介紹的是適合比賽當天在家裡或於起跑點等待時進行的拉筋體操。

Zoom UP!

不放開交握的手指，手臂保持伸直的狀態，轉成手心向上。

Zoom UP!

首先以手背向上的方式交握，伸長手臂。手臂要緊貼住耳朵。

確實
伸展手臂！

01 背部‧肩膀

首先，雙腳跨開與肩同寬，兩手交握，手臂往頭頂方向伸直。一開始時，交握的兩手採取手背向上的姿勢，接著再轉成手心向上伸直。交替進行這個動作約10次，背部和肩膀的肌肉就能獲得紓展。

讓手臂能
順暢擺動

02 肩胛骨‧胸口

雙腳跨開與肩同寬，挺直背脊站好。兩手在背後交握，伸直手臂讓兩邊肩胛骨盡量靠近，保持姿勢10秒。接著彎曲膝蓋，兩手交握於身前，保持上半身往前彎的姿勢10秒。交替進行這個動作2次。

有效
預防腰痛！

03　腰部

全身挺直站好，單手手背貼於後腰部
中央位置。接著保持站姿往屈起的手
的方向扭轉身體，保持10秒（如照
片所示，屈起左手時，上半身就往左
邊扭）。左右各進行1～2次。

俐落地
扭轉肩膀

04　肩・腰

兩腳跨開，蹲成馬步。兩手置於膝蓋上，將肩
膀往身體內側下壓，左右交互扭轉上半身。左
右各做30秒。這個拉筋動作，可以讓肩胛骨和
骨盆的動作更加順暢。

06 股關節

讓腳更
輕易擺動出去！

往前踏出一大步，彎曲膝蓋讓身體盡量壓低。身體重心放在跨於前方的腳上，保持動作約10秒。等股關節充份拉開了，再換另一邊的腳跨出去。左右交替進行2次×2組。這對大腿前側的肌肉也有很好的伸展效果。

05 手腕・腳踝

放鬆力氣來做
是重點所在

兩腳跨開與肩同寬，站好後，全身放鬆用以舒展手腳。兩手一起甩動，腳部則輪流抬起轉動腳踝。左右各進行10〜20秒。這個動作不需要太大的空間就能做，因此也很方便於起跑點處進行。

08 股關節・腿後腱②

讓膝蓋
轉一圈

兩腳分別往前後跨開，後方的腳膝蓋著地，前方的腳則屈起膝蓋。打直背脊，兩手按在屈起的膝蓋上，由內側忘外推，像用膝蓋畫圓般轉一圈，讓股關節及腿後腱充份伸展開來。左右各進行3〜5次。

SIDE

重點在於
下壓膝蓋的方法！

07 股關節・腿後腱①

Zoom UP!

兩腳往左右大步跨開，彎曲單邊的膝蓋，另一腳打直往側邊伸展，拉動大腿後方的肌肉（腿後腱）。重點在於用手掌按住彎曲的腳的膝蓋，由內往外推。左右各進行10〜20秒。

用手按住彎曲腳的膝蓋往外推，既能伸展腿後腱，又能確實舒展股關節。

09

提升小腿的柔軟度！

腿後腱・小腿

兩腳大步跨開，上半身往前傾，讓手心能貼在地面。注意打直膝蓋，同時上下抬動兩腳的腳尖。由於身體容易失去平衡，所以要把身體重量放在手上，會比較好進行。左右交替進行5～10次。

還能預防大腿肌肉拉傷！

10

大腿前側①

單腳膝蓋著地，另一腳則屈起膝蓋支撐身體。用同一邊的手伏住膝蓋著地腳的腳尖，往臀部方向拉。身體要是失去平衡，可用另一手扶住牆壁或椅背來輔助。換邊後進行同樣的動作。左右各進行10～20秒。

11

抓著腳尖確實伸展

大腿前側②

兩腳跨開與肩同寬站立，彎曲單腳膝蓋，用兩手抓住屈起的腳的腳尖。把腳跟拉往臀部，觸碰10秒。接著再像是要把腳尖往後上方拉似地，伸展大腿前側的肌肉，一樣保持10秒。左右都要進行。

12 為了預防膝蓋痛！

膝蓋～大腿外側（髂脛束）

保持挺直的姿勢坐在椅子上，兩腳交疊。手放在跨於上方的膝蓋上，上半身往跨在上方的腳的方向扭轉（如照片所示，右腳跨在上方的話，上半身就往右邊扭）。左右各進行10～20秒。

13 不管何時何地都能進行

小腿前側

先輕鬆地站好，腳尖往後著地向下施力，伸展小腿前側的肌肉。這時另一腳要保持筆直。左右各進行10～20秒。腳踝的拉筋操和手腕的一樣，進行起來不佔地方，在開跑前也能做。

14 特別需要高柔軟度的部位

阿基里斯腱

單腳膝蓋著地，用屈起的另一腳支撐身體。兩手按住支撐身體的腳之腳跟，並將身體重心移至膝蓋上。一邊按住腳跟避免腳跟浮起，一邊盡可能對膝蓋施重，讓阿基里斯腱能充份伸展開來。左右各進行10～20秒。

STRETCH

134

比賽終於開始！
賽程中必須注意的事項
及問題解決對策！

來吧！引頸期盼的比賽終於要開始了！盡情將訓練成果發揮出來吧。
相信各位都已經做好萬全的準備。
不過，實際開跑後，不代表就不會發生問題…
在此要說明一些比賽開始後的注意事項及問題解決對策。

POINT ❶

比賽宣布開始後場面混亂不堪！？
小心步調不要被旁人打亂了

以東京馬拉松大會為首，迄今任何一個以萬人參加同時開跑的馬拉松大賽，都會看到這種混亂的場面。由於起點處完全是擠沙丁魚的狀態，開跑後自然很容易被周圍的其它跑者的打亂步調。如果一開始步調就亂掉，不必多久就會精疲力盡，一定要小心穩住自己的個人步調。

POINT ❸

看到廁所就去上，
絕不可忍耐！

很多新入門的跑者，都會因為想要更好的成績，即使有需要也忍著不去上廁所。賽道沿途設置的流動廁所，通常都人滿為患，等到忍無可忍時，也不一定馬上就能輪到自己。所以即使不急，還是先上完比較保險。

POINT ❷

在每個補給站
都要補充水份！

急於補充水份的話，最糟糕的狀況甚至會引起脫水症狀。必須時時注意在感到口渴前就先補充水份。參加比賽的時候，要在補給站攝取足夠的水份，盡可能避免脫水危機才是聰明的跑法。

POINT ④

抽筋、痙攣…
腳部問題的
預防與解決對策

腳抽筋、痙攣，是比賽中最常
見的突發狀況。碰到這類問題
時，首先要脫離賽道，退往路
邊。花點時間好好拉筋，再回
去繼續比賽。此外，再度開跑
時，起跑的速度要以「慢」為
原則，注意不要馬上就想跑快。

找到可以坐的地方時

坐下抓住腳尖
坐下後兩腳打開與肩
同寬，兩手抓住腳板
前半，上半身往前倒。
同時把腳尖往身體的
方向扳。這是對腳抽
筋相當有效的拉筋體
操。

坐下前傾
用相反方向的手抓住
抽筋腳的腳尖，往身
體的方向扳近。右腳
抽筋的話就用左手。
讓小腿的肌肉能慢慢
地伸展。

站著也能做！

**扶住牆壁
做大腿拉筋操**
這是碰到肌肉痙
攣時相當有效的
拉筋動作。一手
扶在牆上，另一
手抓住腳背把腿
往後折，拉伸大
腿肌肉。單腳站
若不感吃力，手
不扶著也沒關係。

**利用路邊的護欄等
抬高腳**
可就近利用路邊的
護欄等，把腳跨在
約與膝蓋到腰同高
的台子上，然後抓
住腳尖往身體方向
扳，進行拉筋。

站著前屈上半身
兩腳跨開比肩膀略寬，上半身往前傾。不要著急，慢慢
地將上半身向前倒下，使抽筋的小腿肌肉能夠伸展，保
持姿勢直到疼痛緩和。

不要焦急害怕時間流逝
保持心情穩定最重要

至今的 6 個月期間，日積月累進行了紮實的訓練，接下來只要帶著自信跑出去就對了！

不過，開跑時有幾件事必須注意。比賽中不要被會場裡的熱烈氣氛所影響，不然很容易一開跑就衝過頭。由於最主要的目標是完跑，要積極注意掌控步調。

此外，經過補給站時一定要就近補充水份，就算只有一點點想上廁所，也要去上。要是一心認為「太浪費時間」，讓體調失衡，反而可能因此無法達成完跑的目標。

其它可能會在比賽中遇到的問題，大多是腳抽筋、肌肉痙攣等方面的突發狀況。此時就靠向路邊，花點時間好好拉筋。要是為了節省時間，硬撐著繼續跑，只會讓疼痛惡化。好好舒展肌肉，讓自己回到路線上繼續挑戰，才是通往終點

的捷徑。

不要操之過急，心裡想著「慢慢來、慢慢來」，目標鎖定完跑，一步步穩紮穩打地前進，才是最重要的堅持。

POINT ❻
肚子餓了…

全程馬拉松是一項長時間的持久賽。肚子會餓也是難免，可以先準備一些容易邊跑邊吃的棒狀或果凍狀補給食品，方便充饑。不喜歡吃這類東西的人，可以改帶糖果之類的零食點心。

除了棒狀的補給食品外，如果要帶糖果，可選擇兼具糖份和檸檬酸的梅子口味零食。

具有預防效果的凡士林。在容易被鞋子磨破或有水泡的地方，先塗上一層做為保護。

POINT ❺
腳被鞋子磨破或磨出水泡

第一次挑戰未曾經驗過的長距離賽程，常會出現各種問題。明明是平常穿慣的運動鞋，現在卻磨破了腳；長時間的跑行磨出了水泡等。要是感到疼痛還得繼續跑，實在太難熬了。記得要攜帶像是凡士林等能夠預防、改善疼痛的用品，必要時即可進行緊急處置。

POINT ❼
想退出比賽…

有時候就算盡了全力，途中還是感到身體不適。這種時候，就向補給站或救護站的工作人員求助吧。要是已經到了走不動的程度，就叫住路上的人，請他們代為轉達，讓工作人員來接應。有些大會有準備放棄比賽者專用的接駁小巴。即使這次放棄了，也不要灰心，繼續保持挑戰下次大會的勇氣。

市面上販售的破皮專用OK繃。一覺得痛就盡早先貼起來。

| 競賽時的各距離目標時間表 | | | | 完跑預測時間 |
25Km	30Km	35Km	40Km	
4小時55分	5小時54分	6小時53分	7小時51分	8小時17分
4小時48分	5小時46分	6小時43分	7小時41分	8小時6分
4小時42分	5小時38分	6小時34分	7小時30分	7小時55分
4小時35分	5小時30分	6小時25分	7小時20分	7小時44分
4小時28分	5小時22分	6小時16分	7小時10分	7小時33分
4小時22分	5小時14分	6小時7分	6小時59分	7小時22分
4小時15分	5小時6分	5小時58分	6小時49分	7小時11分
4小時9分	4小時59分	5小時48分	6小時38分	6小時60分
4小時2分	4小時51分	5小時39分	6小時28分	6小時49分
3小時56分	4小時43分	5小時30分	6小時17分	6小時38分
3小時49分	4小時35分	5小時21分	6小時7分	6小時27分
3小時43分	4小時27分	5小時12分	5小時56分	6小時16分
3小時36分	4小時19分	5小時3分	5小時46分	6小時5分
3小時30分	4小時11分	4小時53分	5小時35分	5小時54分
3小時23分	4小時4分	4小時44分	5小時25分	5小時43分
3小時16分	3小時56分	4小時35分	5小時14分	5小時32分
3小時10分	3小時48分	4小時26分	5小時4分	5小時20分
3小時3分	3小時40分	4小時17分	4小時53分	5小時9分
2小時57分	3小時32分	4小時8分	4小時43分	4小時58分
2小時50分	3小時24分	3小時58分	4小時32分	4小時47分
2小時44分	3小時16分	3小時49分	4小時22分	4小時36分
2小時37分	3小時9分	3小時40分	4小時11分	4小時25分
2小時31分	3小時1分	3小時31分	4小時1分	4小時14分
2小時24分	2小時53分	3小時22分	3小時50分	4小時3分
2小時18分	2小時45分	3小時13分	3小時40分	3小時52分
2小時11分	2小時37分	3小時3分	3小時30分	3小時41分
2小時4分	2小時29分	2小時54分	3小時19分	3小時30分
1小時58分	2小時21分	2小時45分	3小時9分	3小時19分
1小時51分	2小時14分	2小時36分	2小時58分	3小時8分
1小時45分	2小時6分	2小時27分	2小時48分	2小時57分
1小時38分	1小時58分	2小時18分	2小時37分	2小時46分
1小時32分	1小時50分	2小時8分	2小時27分	2小時35分
1小時25分	1小時42分	1小時59分	2小時16分	2小時24分

5km所需時間的 ⑪ 倍

不吃力順利完跑！各距離目標完跑時間表

於P100介紹過的內山式完跑預測時數計算表，此為加上各距離完跑時間的詳細版。同樣以不吃力跑完5km為基準，並以5km為間隔計算各距離目標時間，方便好用。

這是基本數值！依表查看自己的時數吧！

平時5km 所需時間	乘以11倍	1km所需的 平均步調	競賽時的各距離目標時間表			
			5Km	10Km	15Km	20Km
45分	495分	11分47秒／km	58分56秒	1小時58分	2小時57分	3小時56分
44分	484分	11分31秒／km	57分37秒	1小時55分	2小時53分	3小時50分
43分	473分	11分16秒／km	56分19秒	1小時53分	2小時49分	3小時45分
42分	462分	11分0秒／km	55分0秒	1小時50分	2小時45分	3小時40分
41分	451分	10分44秒／km	53分41秒	1小時47分	2小時41分	3小時35分
40分	440分	10分29秒／km	52分23秒	1小時45分	2小時37分	3小時30分
39分	429分	10分13秒／km	51分4秒	1小時42分	2小時33分	3小時24分
38分	418分	9分57秒／km	49分46秒	1小時40分	2小時29分	3小時19分
37分	407分	9分41秒／km	48分27秒	1小時37分	2小時25分	3小時14分
36分	396分	9分26秒／km	47分9秒	1小時34分	2小時21分	3小時9分
35分	385分	9分10秒／km	45分50秒	1小時32分	2小時18分	3小時3分
34分	374分	8分54秒／km	44分31秒	1小時29分	2小時14分	2小時58分
33分	363分	8分39秒／km	43分13秒	1小時26分	2小時10分	2小時53分
32分	352分	8分23秒／km	41分54秒	1小時24分	2小時6分	2小時48分
31分	341分	8分7秒／km	40分36秒	1小時21分	2小時2分	2小時42分
30分	330分	7分51秒／km	39分17秒	1小時19分	1小時58分	2小時37分
29分	319分	7分36秒／km	37分59秒	1小時16分	1小時54分	2小時32分
28分	308分	7分20秒／km	36分40秒	1小時13分	1小時50分	2小時27分
27分	297分	7分4秒／km	35分21秒	1小時11分	1小時46分	2小時21分
26分	286分	6分49秒／km	34分3秒	1小時8分	1小時42分	2小時16分
25分	275分	6分33秒／km	32分44秒	1小時5分	1小時38分	2小時11分
24分	264分	6分17秒／km	31分26秒	1小時3分	1小時34分	2小時6分
23分	253分	6分1秒／km	30分7秒	1小時0分	1小時30分	2小時0分
22分	242分	5分46秒／km	28分49秒	0小時58分	1小時26分	1小時55分
21分	231分	5分30秒／km	27分30秒	0小時55分	1小時23分	1小時50分
20分	220分	5分14秒／km	26分11秒	0小時52分	1小時19分	1小時45分
19分	209分	4分59秒／km	24分53秒	0小時50分	1小時15分	1小時40分
18分	198分	4分43秒／km	23分34秒	0小時47分	1小時11分	1小時34分
17分	187分	4分27秒／km	22分16秒	0小時45分	1小時7分	1小時29分
16分	176分	4分11秒／km	20分57秒	0小時42分	1小時3分	1小時24分
15分	165分	3分56秒／km	19分39秒	0小時39分	0小時59分	1小時19分
14分	154分	3分40秒／km	18分20秒	0小時37分	0小時55分	1小時13分
13分	143分	3分24秒／km	17分1秒	0小時34分	0小時51分	1小時8分

＊關於此表

‧「平時跑5km所需時間」指的是在不過慢亦不過快、可輕鬆完跑的步調下測得之時數。建議定期測量以了解自身的狀況。

‧各距離目標時間以「5km」為基準，10km以上皆省略秒數。（30秒以上皆算為1分，未滿30秒則捨去）

‧此表只以分為單位標示「5km所需時間」。若你所花的時間為「5km跑了35分30秒」，請參照「36分」那一欄。

想要更～輕鬆地完跑！各距離目標完跑時間表

5km所需時間的 ⑫ 倍

從內山式的「11倍理倫」研發而來，更進一步的「安心版」時間表！

考量到疲勞時速度下降、途中的如廁時間等，準備了更長更讓人安心的計算法。

> 目標完走！
> 重視安全的
> 計算法！

競賽時的各距離目標時間表				完跑預測時間
25Km	30Km	35Km	40Km	
5小時21分	6小時26分	7小時30分	8小時34分	9小時3分
5小時14分	6小時17分	7小時20分	8小時23分	8小時50分
5小時7分	6小時9分	7小時10分	8小時11分	8小時38分
5小時0分	6小時0分	7小時0分	8小時0分	8小時26分
4小時53分	5小時51分	6小時50分	7小時49分	8小時14分
4小時46分	5小時43分	6小時40分	7小時37分	8小時2分
4小時39分	5小時34分	6小時30分	7小時26分	7小時50分
4小時31分	5小時26分	6小時20分	7小時14分	7小時38分
4小時24分	5小時17分	6小時10分	7小時3分	7小時26分
4小時17分	5小時9分	6小時0分	6小時51分	7小時14分
4小時10分	5小時0分	5小時50分	6小時40分	7小時2分
4小時3分	4小時51分	5小時40分	6小時29分	6小時50分
3小時56分	4小時43分	5小時30分	6小時17分	6小時38分
3小時49分	4小時34分	5小時20分	6小時6分	6小時26分
3小時41分	4小時26分	5小時10分	5小時54分	6小時14分
3小時34分	4小時17分	5小時0分	5小時43分	6小時2分
3小時27分	4小時9分	4小時50分	5小時31分	5小時50分
3小時20分	4小時0分	4小時40分	5小時20分	5小時38分
3小時13分	3小時51分	4小時30分	5小時9分	5小時26分
3小時6分	3小時43分	4小時20分	4小時57分	5小時13分
2小時59分	3小時34分	4小時10分	4小時46分	5小時1分
2小時51分	3小時26分	4小時0分	4小時34分	4小時49分
2小時44分	3小時17分	3小時50分	4小時23分	4小時37分
2小時37分	3小時9分	3小時40分	4小時11分	4小時25分
2小時30分	3小時0分	3小時30分	4小時0分	4小時13分
2小時23分	2小時51分	3小時20分	3小時49分	4小時1分
2小時16分	2小時43分	3小時10分	3小時37分	3小時49分
2小時9分	2小時34分	3小時0分	3小時26分	3小時37分
2小時1分	2小時26分	2小時50分	3小時14分	3小時25分
1小時54分	2小時17分	2小時40分	3小時3分	3小時13分
1小時47分	2小時9分	2小時30分	2小時51分	3小時1分
1小時40分	2小時0分	2小時20分	2小時40分	2小時49分
1小時33分	1小時51分	2小時10分	2小時29分	2小時37分

平時5km 所需時間	乘以11倍	1km所需的 平均步調	競賽時的各距離目標時間表			
			5Km	10Km	15Km	20Km
45分	540分	12分51秒／km	64分17秒	2小時9分	3小時13分	4小時17分
44分	528分	12分34秒／km	62分51秒	2小時6分	3小時9分	4小時11分
43分	516分	12分17秒／km	61分26秒	2小時3分	3小時4分	4小時6分
42分	504分	12分0秒／km	60分0秒	2小時0分	3小時0分	4小時0分
41分	492分	11分43秒／km	58分34秒	1小時57分	2小時56分	3小時54分
40分	480分	11分26秒／km	57分9秒	1小時54分	2小時51分	3小時49分
39分	468分	11分9秒／km	55分43秒	1小時51分	2小時47分	3小時43分
38分	456分	10分51秒／km	54分17秒	1小時49分	2小時43分	3小時37分
37分	444分	10分34秒／km	52分51秒	1小時46分	2小時39分	3小時31分
36分	432分	10分17秒／km	51分26秒	1小時43分	2小時34分	3小時26分
35分	420分	10分0秒／km	50分0秒	1小時40分	2小時30分	3小時20分
34分	408分	9分43秒／km	48分34秒	1小時37分	2小時26分	3小時14分
33分	396分	9分26秒／km	47分9秒	1小時34分	2小時21分	3小時9分
32分	384分	9分9秒／km	45分43秒	1小時31分	2小時17分	3小時3分
31分	372分	8分51秒／km	44分17秒	1小時29分	2小時13分	2小時57分
30分	360分	8分34秒／km	42分51秒	1小時26分	2小時9分	2小時51分
29分	348分	8分17秒／km	41分26秒	1小時23分	2小時4分	2小時46分
28分	336分	8分0秒／km	40分0秒	1小時20分	2小時0分	2小時40分
27分	324分	7分43秒／km	38分34秒	1小時17分	1小時56分	2小時34分
26分	312分	7分26秒／km	37分9秒	1小時14分	1小時51分	2小時29分
25分	300分	7分9秒／km	35分43秒	1小時11分	1小時47分	2小時23分
24分	288分	6分51秒／km	34分17秒	1小時9分	1小時43分	2小時17分
23分	276分	6分34秒／km	32分51秒	1小時6分	1小時39分	2小時11分
22分	264分	6分17秒／km	31分26秒	1小時3分	1小時34分	2小時6分
21分	252分	6分0秒／km	30分0秒	1小時0分	1小時30分	2小時0分
20分	240分	5分43秒／km	28分34秒	0小時57分	1小時26分	1小時54分
19分	228分	5分26秒／km	27分9秒	0小時54分	1小時21分	1小時49分
18分	216分	5分9秒／km	25分43秒	0小時51分	1小時17分	1小時43分
17分	204分	4分51秒／km	24分17秒	0小時49分	1小時13分	1小時37分
16分	192分	4分34秒／km	22分51秒	0小時46分	1小時9分	1小時31分
15分	180分	4分17秒／km	21分26秒	0小時43分	1小時4分	1小時26分
14分	168分	4分0秒／km	20分0秒	0小時40分	1小時0分	1小時20分
13分	156分	3分43秒／km	18分34秒	0小時37分	0小時56分	1小時14分

＊關於此表

・「平時跑5km所需時間」指的是在不過慢亦不過快、可輕鬆完跑的步調下測得之時數。建議定期測量以了解自身的狀況。

・各距離目標時間以「5km」為基準，10km以上皆省略秒數。（30秒以上增算為1分，未滿30秒則捨去）

・此表只以分為單位標示「5km所需時間」。若你所花的時間為「5km跑了35分30秒」，請參照「36分」那一欄。

打造能夠完跑全程馬拉松的體格

營養 ⊖ Nutrition 水分 ⊘ Water

[補給說明書]

想要打造一個能完跑42.195公里的體格，光靠體能訓練是辦不到的。

平常就要多花心思在飲食上，均衡地攝取身體必須的營養素；正式比賽，也需要適時地補充營養和水份。

在此，將介紹跑者所需的營養素以及在跑行中順利補給水份及營養的訣竅。

監修○ Yoshie Ishida 石田 良惠（女子美術大學名譽教授 保健學博士）Supervisor：Y.Ishida

插畫○ 田中 齊 Illustration：Hitoshi Tanaka　攝影○大星 直輝 Photos：Naoki Ohoshi

想要跑得快、跑得輕鬆，一切都得看看『怎麼吃』！

以完跑全程馬拉松而努力，進行為期6個月的長征式體能訓練時，撐不撐得下去，關鍵就在於「飲食」。吃得聰明，身體狀況好，自然就能輕鬆地拉長跑行距離。「為什麼這種食物對身體有好處？」瞭解自己吃的東西，「一面思考一面進食」，身體將會慢慢地產生令人驚喜的變化！

能夠提升技巧的關鍵性食物

☑ 黃綠色蔬菜

除了維他命、礦物質之外，黃綠色蔬菜中還含有豐富的抗氧化物質 —— β - 胡蘿蔔素。1天的攝取量至少要有150g！

☑ 米飯

米飯中所含的醣份，在跑步時可以直接轉換成能量。米飯不但好消化、脂肪含量又低，是運動員眼中的優等食材。體能訓練期間就以米飯做為主食吧！

☑ 運動飲料

不但能補充必要的水份，還能確實補給糖份及因流汗而喪失的礦物質。如果選用含有氨基酸等物質的飲品，肌肉的疲勞就能更快地回復。

☑ 雞蛋‧起士

這兩種都是含有豐富優良蛋白質的食材。每天攝取，不但可以維持肌肉量，還能減輕肌肉的疲勞！

最基本的營養素！！
蛋白質·醣份·脂質…
均衡攝取3大營養素，缺一不可！

人的身體主要由三種營養素組成。各是蛋白質、醣份以及脂質，被稱為3大營養素，
人體的肌肉、骨骼、血液、毛髮、脂肪等等，幾乎都是由這3大營養素所組成，
如果沒有善加攝取這3種營養，不要說是全程馬拉松了，
身體甚至可能根本受不了每天的體能訓練課程。現在，先來瞭解跑者不可或缺的3種營養素及其作用。

☑ 組成身體的3大營養素

脂質
Fat

▶ 對跑步來說不可或缺的原因
超高單位能量。充份燃燒體內的脂質，可以培練出耐久力超群的體格

▶ 脂質的基本知識
脂質是構成血液及生物膜的主要成份，也是身體的能量源，必須適當攝取。攝取不足時，在訓練中容易失去力氣，訓練後的疲勞也會難以消散。不過，一般食材中大多含有大量脂質，通常不必刻意攝取也能吃到足夠的份量。相反地，別忘它1公克就等於9卡路里的驚人高熱量，小心不要攝取過多了。

▶ 攝取脂質的訣竅
攝取脂質時最好以不增加中性脂肪為原則，建議從溫和並含有大量不飽合脂肪酸的魚類來攝取。料理時，可用橄欖油、菜籽油或芝麻油等植物油。盡量避免食用豬油、奶油等動物性油脂。

醣份（碳水化合物）
Carbohydrate

▶ 對跑步來說不可或缺的原因
跑步時的能量來源。
支持身體完跑42.195公里

▶ 醣份的基本知識
在跑步時，能夠直接轉換成能量大展身手的營養素，就是醣份。從米飯、義大利麵等食物中攝取到的炭水化合物，會在身體裡分解成葡萄糖或果糖，進而成為血糖。這些血糖就是身體的能量來源。空腹跑步，會造成身體血糖不足，雙腳甚至會突然無法動彈。而沒有用完的血糖會以肝糖的形式儲存在肝臟及肌肉中，視需要時釋放出來，轉化為身體的能量。

【盡量多攝取這些食物！】
白飯、義大利麵、烏龍麵、馬鈴薯、地瓜、香蕉

蛋白質
Protein

▶ 對跑步來說不可或缺的原因
修復跑行時損傷的肌肉纖維。
快速消除肌肉疲勞、酸痛

▶ 蛋白質的基本知識
肌肉、皮膚、毛髮、血液、酵素、荷爾蒙等等，人體組織大部分都是由蛋白質組成。因此想要迅速地修復在訓練中損壞的肌肉，也必須靠蛋白質。鎖定全程馬拉松的跑者，一定要多加攝取才行。若蛋白質不足，不但無法製造出肌肉，肌力也會下降，還會產生肌肉疲勞難以回復等各種問題，不可不小心。

【盡量多攝取這些食物！】
動物性蛋白質 > 雞肉、豬肉、牛肉、羊肉等肉類、蛋、魚貝類、乳製品
植物性蛋白質 > 納豆、豆腐等人豆製品、小麥、米、玉米等穀類

會讓體能狀態變差的反式脂肪酸，不可不小心！

反式脂肪酸是在製油過程中產生的惡性脂肪，身體吸收後，會增加惡性膽固醇，破壞體內的維他命等營養素，迫害細胞膜及細胞運作。最後更可能導致心血管疾病、癌症等可怕的病症。此外，亦有研究指出，反式脂肪會使神經的傳達速度變慢，招致身體的運動狀態不彰。反式脂肪的問題在

歐美非常受到重視，目前已有法規，要求食品上必須明確標示出危險的反式脂肪含量。植物性奶油、起酥油（常用於餅乾、蛋糕、麵包等食品中）、洋芋片、薯條等等，都是含有反式脂肪的代表性食品。平日在吃點心或吃油炸物時，請盡可能選擇使用植物性油脂的食品。

> 橄欖油中完全不含反式脂肪！

利用維他命、礦物質永遠保持最佳狀態！
對跑者特別有助益的營養素！！

就算攝取了大量3大營養素，要是沒有「輔助性營養素」
來幫助身體順利吸收、運作，3大營養素的威力也會大打折扣。
接下來要介紹的維他命與礦物質，能夠提高攝取營養素的身體吸收效率，跑者們一定要看！

幫助身體燃燒脂肪
維他命 B2

這是一種能促進脂質代謝的維他命。攝取不足時，會使脂質轉化成能量的效率不彰。另一方面，它和造血也有相當關聯，善加攝取還可預防貧血。在維持肌肉及黏膜健康方面不可欠缺。

【 盡量多攝取這些食物！ 】
乳製品、烤海苔、肝臟、蛋、大豆、納豆、菠菜、鰻魚、鰤魚、鯖魚、扇貝

讓醣份能順暢地轉化為能量
維他命 B1

這種維他命可以讓醣份順利轉化成跑步時所需的能量。也能防止醣份轉化成體脂肪蓄積於體內。此外，它甚至擁有抑制體內疲勞物質增生的效果，可說是跑者最必需的維他命之一。

【 盡量多攝取這些食物！ 】
豬肉、玄米、鰻魚、地瓜、紅鮭、雞肝、玄米、鱈魚卵、大豆、海苔

給想要跑得健康、跑得美麗的人！！
維他命 C

強化皮膚、血管、黏膜、骨骼，還能提高免疫力。擁有高抗氧化作用，能夠去除身體裡形成各種病症的活性氧。另外還能抑制皮膚生成麥拉寧，對不想曬黑的女性跑者來說，是具有頂尖輔助效果的營養素。

【 盡量多攝取這些食物！ 】
柳橙、檸檬、奇異果、草莓、青椒、埃及國王菜、花椰菜

幫助身體改善貧血問題
鐵質

這是能夠促進鈣質吸收的維也命，能夠間接提高骨骼密度，預防、避免疲勞性骨折等運動意外。不過，攝取過量的話，有可能會造成高血鈣症，必須小心攝取。

【 盡量多攝取這些食物！ 】
豬肉、雞肝、蜆、蛤蜊、鹿尾菜、牡蠣、青海苔、納豆、菠菜

幫助身體吸收鈣質
維他命 D

這是能夠促進鈣質吸收的維也命，能夠間接提高骨骼密度，預防、避免疲勞性骨折等運動意外。不過，攝取過量的話，有可能會造成高血鈣症，必須小心攝取。

【 盡量多攝取這些食物！ 】
紅鮭、鮪魚、蛋、沙丁魚、鰈魚、魚肝、柴魚、秋刀魚、魚卵、小魚乾

給煩惱總是在正式比賽時失敗的跑者
維他命 E

抗氧化作用不輸維他命C的營養素。不但能去除身體裡的活性氧，還有清血的效果。由於能提高身體的抗疲勞度，特別推薦身體較虛、容易在正式比賽時能出狀況的跑者。

【 盡量多攝取這些食物！ 】
杏仁、花生、酪梨、鰻魚、葵花油、鱈魚卵、魚肝、埃及國王菜

能夠被身體完全吸收利用的萬能營養素
β - 胡蘿蔔素

β - 胡蘿蔔素能夠提高免疫力、轉化成能夠保護皮膚及黏膜健康的維他命A，剩下的還會成為抗氧化物質活躍於各種用途，對企圖將實力發揮得淋漓盡致的跑者來說，是一定要獲取的營養素。

【 盡量多攝取這些食物！ 】
青椒、埃及國王菜、胡蘿蔔、菠菜、南瓜等黃綠色蔬菜。

讓肌肉的動作順暢，預防痙攣
鉀

鉀能夠使肌肉的能量代謝及收縮、神經傳達都運作得很順暢。對於促進排出老舊物質、排毒方面的效果也極佳。很多在意腳部浮腫問題的人也不妨多加攝取。

【 盡量多攝取這些食物！ 】
香芹、納豆、菠菜、酪梨、埃及國王菜、韭菜

骨骼的原料。須每天攝取
鈣質

強化骨骼必備的營養素。尤其女性跑者更要多攝取。配合維他命D、C及鎂一起攝取，吸收效果更加倍。如果從海菜類食材攝取，就能在得到鈣質的同時攝取到鎂。

【 盡量多攝取這些食物！ 】
牛奶、小魚、海藻、起士、大豆、豆腐、青紫蘇

以萬全的體能狀態迎接比賽！！
全程馬拉松6個月準備期間

跨越長達6個月的長征式訓練後，為了能達成夢想，完跑全程馬拉松，一定要確實攝取需要的營養。
混亂的飲食生活，可能根本無法支撐持續6個月的訓練。現在要解說的，就是以維持體能狀態為前提的聰明飲食訣竅。

【 6個月前～正式上場1週前 】
讓體能保持在最佳狀態
for Perfect Conditioning

3 控制脂質攝取量。
單品料理中含有大量脂肪

只要不是飲食上極度偏食，通常不需要刻意安排，就能從日常飲食中攝取到足夠的脂質。相反地為了避免發胖，有時還得花心思降低脂質攝取量才行。蓋飯、拉麵、咖哩這類的單品料理，通常含有大量脂肪，營養也非常不均衡。在外用餐時，選定食等菜色均衡的料理較為妥當。

2 餐餐都要吃
足夠的蔬菜

盡可能三餐都安排有蔬菜的菜色。攝取維他命、礦物質、膳食纖維的同時，還要注意多吃各種紅、綠、黃色的蔬菜。想吃得有份量一點的話，就選加熱過的菜色。只是蔬菜中的營養素大多怕高溫，加熱時間要盡量縮短較好。

1 只要跑步，就必須每
天攝取蛋白質

蛋白質三餐都不可少！不過，動物性蛋白質的吸收效率雖然好，但卡路里也相對高，吃太多很有可能發胖。忌諱發胖的人，可以改吃雞胸肉、脂肪較少的白肉魚、只吃蛋白等等，花點心思控制動物性蛋白質的攝取量。晚餐就多從豆腐、納豆等植物性食材中攝取。

6 確實攝取
足夠的醣份！！

碳水化合物是身體的能量來源，從早餐起每餐都要攝取白飯一碗份量的碳水化合物。訓練後胃部會份外疲勞，可以選擇較好消化的烏龍麵、粥等等，碰到食慾不振時也很好入口。麵包的脂肪含量高，安排在中午前吃較為妥當，晚餐時就還是以脂肪量較低的米飯為主。

5 餐後攝取檸檬酸
疲勞不會留過夜

為了促進身體消除疲勞，每餐都攝取一些含有檸檬酸的食物吧。早餐和中餐可以搭配柳橙汁或柑橘系的水果。晚餐吃幾個糖份較低的梅乾，能夠有效地保持疲勞回復力。水果的糖份高，怕胖的人晚上不要吃。

4 輔助性食品第1名！
每天都要攝取乳製品

牛奶和優酪乳中含有豐富的鈣質和蛋白質，能夠整頓腸道環境，保持跑者良好的體能狀態，幫助身體提高免疫力。不過，乳製品中的脂肪含量也很高，不想變胖的人可以選擇脫脂牛奶或脫脂優酪乳。

Step-02

【 正式比賽1週前 】
1週就能做到！
打造耐久體能的
肝糖超補法
for Charging Energy

跑步的主能量源來自醣份，而醣份進入身體後會轉化為肝糖，
經消耗後沒用完的部份就蓄積在肌肉及肝臟中。如果括充儲藏的空間，
自然就能儲備更多的肝糖留待正式比賽時使用，這種是肝糖超補法的基本定義。
只要在比賽前1週改變飲食內容，就能做到效果十足的肝糖超補法。
把這段期間視為調整期，訓練的量也安排得比平時輕鬆一點吧。

前三天採取高蛋白飲食

6天前～4天前

控制醣份攝取量，抑制身體合成肝糖。使身體進入肝糖飢渴狀態。

前三天極力避免攝取醣份，讓身體陷入極度
渴求肝糖的狀態。不過，為了避免肌肉減少，
一定要確實攝取足夠的蛋白質。

【建議食材】鮪魚紅肉、雞腿、白肉魚、豆腐、
納豆等大豆製品含有大量維他命B6、能夠促
進身體代謝蛋白質的大蒜，是此階段最適合
的食材。鮪魚的紅肉同時含有高量蛋白質與
維他命B6，更是一石二鳥。

▼

最後三天採取高醣份飲食

5天前～比賽前一天

擴充肝醣儲存槽 急速填滿能量

由於持續了幾天低醣飲食，身體出現極度飢渴肝醣的狀態。這時一口氣沖補
充大量醣份，身體進入極盡可能儲存肝醣的模式，並極力阻止任何肝醣排出
體外，全部都蓄積起來。

【建議食材】米飯、義大利麵、烏龍麵、根
莖類蔬菜等，盡可能多攝取炭水化合物。能
幫助醣份順利轉化成能量的維他命B1，以及
提高代謝能力的維他命C等等，也都攝取比
平常更多的份量吧！

Step-03

【 前一天～當天 】
完美補給營養
比賽當天
行程時間表
Nutrition Charge Time Schedule

前一天的晚上，照這樣吃最完美!!

前一天：晚上

就寢前 2 ～ 3 小時前用餐完畢 & 及早準備上床睡覺

晚餐要確實地遵照肝糖超補法，採取高醣份的飲食。不過，要是胃裡還有食物沒消化完就去睡，會對胃造成很大的負擔，有可能影響到隔天的體能狀態，因此要在睡前 2 ～ 3 小時就吃完晚餐。

【 建議食材 】 主食最好選擇好消化、低脂肪的烏龍麵或白米飯。配菜則以蔬菜為主。吃魚的話，推薦維他命豐富的烤紅鮭。能夠促進消化的白蘿蔔泥，也可以吃的比平常更多一點。避免攝取容易形成胃部負擔的油炸物、肉類。吃幾顆梅干，從中獲取檸檬酸，相信隔天一定能能不帶半點疲勞地清爽起床。吃飯秉持八分飽就好的原則。

比賽當天早上，照這樣吃最完美！!

當天：早上

最慢也必須在比賽開始 3 小時前 進食完畢

和前一天一樣，考量到充裕的消化時間，自開跑 3 小時前，就不要再吃任何固態食物了。另外，絕對禁止不吃早餐。

【 建議食材 】 早餐也要採取高醣份的食物。建議選擇好消化的烏龍麵、義大利麵、年糕、白飯等。食慾不振的話，蜂蜜蛋糕、紅豆麵包、香蕉之類的也可以。此時也一樣要避免吃太過油膩的食物。也可選擇雞胸肉、雞腿肉等食材，補充蛋白質。但記得除去油膩的雞皮。

藉由營養補給品來攝取食物中較難取得的營養…

輔助性 營養補給品

原則上「營養要從食物中攝取」才好，但維他命、礦物質或其它許多維持最佳運動狀態時所需的營養，在體內的吸收率仍然很低，很難光靠食物攝取到足夠的份量。特別是每天以體力訓練重度操勞身體的人，需求量更大。
這時能幫上大忙的就是營養補給品。在此，先來為大家解答一些關於輔助系營養補給品的基本疑問。

Q1 有在吃營養補給品的話，是不是就不必特別注意飲食了？

「營養要從食物中攝取」是最大的原則。認為只要靠營養補品攝取營養，平日飲食就可以不必管了，是大錯特錯的想法。營養補給品終歸只是「補給品」而已。

Q2 一定要照建議攝取量來吃嗎？

由於營養補給品不是醫藥品，就算攝取過量，也不太會馬上看到什麼副作用。話雖如此，還是照包裝上註明的每日建議攝取量行事，不要過量，以策安全。

Q3 吃超過建議攝取量會不會對身體有害？

如果是維他命C之類的水溶性營養素，過度攝取的量會隨著尿液排出體外，不會有害處。這類水溶性營養素即使一口氣大量攝取，多的部份也只是浪費掉而已。不過，油溶性維他命（維它命A、D、E、K）及礦物質，多的部份會蓄積在身體裡，視情況有時會造成不良影響，請多加小心。

Q4 營養補給品要在什麼時候吃？

一般來說，比起餐前空腹狀態，在用完餐後吃吸收率會更高。有些營養補給品的含量濃度較高，空腹時攝取會造成腸胃不適，必須留意。此外，將多數補給品一次吃的話，吸收不了的部份會隨尿液一起被排出體外，最好能適當地分成幾次攝取。

Q5 同時混吃各種類也沒關係嗎？

營養補給品並非醫藥品，所以沒有問題。不過，重複攝取的部份，會形成過量而浪費掉。在極少數情況下，有些營養給品和某些特定醫藥品同時攝取，會降低藥品的功效，如果要和藥一起吃的話，記得事前要和藥劑師詳細諮詢。

Q6 營養補給品是不是吃下去馬上就見效？

能多快感受到營養補給品帶來的效果，視個人的情況而異。不過營養補給品畢竟不是醫藥品，還是不要抱有馬上見效的期待較好。不妨以數個月長時間的攝取來慢慢改善身體狀態為目標。

Q7 有食物過敏的人也可以放心吃嗎？

營養補給品的包裝上會標明營養成份、原料及過敏資訊等各種情報，購買前請先仔細閱讀。特別是有食品過敏或患有慢性病的人，要先和主治醫師諮詢過後再開始採用。

以營養素而言，攝取單一種類，不如同時攝取數種營養素，較能達到相乘的良好效果。若是透過營養補給品來攝取，建議選用綜合維他命。

訓練期間最好每天攝取的營養補給品
以基本營養補給品＝維他命、礦物質為中心！水溶性維他命要在就寢前吃

基本營養補給品，以維他命、礦物質為主，是3大營養素之外，維持健康身體的必備物質。而希望跑者們能每天攝取的，是將這類基本營養補給品善加調配而成的「綜合維他命與礦物質」。跑者所需的營養素，幾乎都能靠它一網打盡。營養補給品建議在用餐後服用，其中像是維他命C等水溶性的維他命，建議在就寢前服用，拉長維他命留在體內的時間，有效提升吸收率。

營養素的互補能發揮更大效力！

運用營養補給品改善體能！
依症狀分門別類，跑者適用的
輔助性營養素列表

然說營養最好從平日的飲食中攝取，但如果要從食物中攝取所有所需的營養素，很有可能會因為卡路里過高而導致發胖。
此時就是營養補給品活躍的時刻了。現在，特別針對幾種跑者常見的症狀，介紹能夠改善問題的營養素。

Problem!!

頻繁出現關節痛症狀

【 能改善關節痛的營養補給品 】
鈣、鎂、硫酸軟骨素、
氨基葡萄糖、維他命D

解決方法

關節痛的原因，可能是在過度的訓練中，造成位於骨骼間、避震功能的軟骨，被磨得越來越薄的緣故。這時，補充關節軟骨的成份之一硫酸軟骨素，以及存在於皮膚、軟骨中的氨基葡萄糖最為有效。想要讓骨骼更堅固的話，別忘了同時多攝取鈣質。

Problem!!

經常出現姿位性低血壓

【 改善貧血的營養補給品 】
鐵、維他命B群、葉酸、鋅、
維他命C、鈣、鎂

解決方法

因為腳底不斷著地而破壞了紅血球，或是在出汗時流失鐵質等等，貧血的原因有很多種。想靠營養補給品來改善時，比起單吃鐵劑，不如配合其他營養素一起服用，效果更明顯。建議選用綜合維他命＆礦物質。女性更要特別注意貧血問題。

Problem!!

腳容易抽筋

【 能保持肌肉健康的營養補給品 】
鎂、鉀、鈣、鈉

解決方法

肌肉痙攣的原因，大多是因為流汗導致鈉、鉀、鈣、鎂等礦物質不足的關係。訓練過程的前、中、後，可飲用搭配礦物質的運動飲料；平常則佐以綜合維他命＆礦物質等營養補給品，就能有效改善。

Problem!!

動不動就感冒，
體能訓練總是無法持久

【 能夠提升免疫力的輔酶營養補給品 】
維它命C、維它命B群、維它命E、
β-胡蘿蔔素、鋅、硫鋅酸

解決方法

免疫力低下時，稍微累一點，身體就會撐不住。具有抗氧化作用的維他命C、E、β-胡蘿蔔素等等，都能有效提升免疫力。每天都攝取能提高身體抗氧化能力的營養補給品，可讓身體變得不那麼容易感冒，抗壓性、回復疲勞的速度都會提高。

Problem!!

訓練過後，
疲勞感難以消除

【 能夠快速回復疲勞的營養補給品 】
氨基酸（BCAA）、維他命B群、檸檬酸、維他命C、牛磺酸、輔酶Q10

解決方法

可能是耐久力不足或代謝能力低下所造成。攝取能夠產生能量、或是能幫助身體將攝取的營養素轉化為能量的營養物質，將可有效改善。除了攝取營養補給品，還要注意飲食，每餐都要注重3大營養素，尤其是蛋白質、醣份必須充份攝取。

Problem!!

肌肉容易酸痛

【 能夠快速改善肌肉疲勞的營養補給品 】
氨基酸（BCAA）、維他命B群、檸檬酸、維他命C、維他命E、多酚

解決方法

這是因為肌肉裡容易累積乳酸等疲勞物質的關係。如果能促進血液循環，把肌肉裡的疲勞物質迅速帶走，就能有效減輕肌肉酸痛的問題。此外，一定要充份攝取身體拿來製作肌肉的蛋白質。維他命B1有抑制乳酸生成的效果，可說是回復肌肉疲勞的最強效營養補給品。

進食的時機左右了整體表現

全程馬拉松不可或缺的補給食品

如果是10公里之類較短距離的比賽，即使沒有補給食品也可以順利跑完全程。
但碰到長距離的全程馬拉松時，若沒有攜帶補給食品，想完跑就困難多了。
有時候弄錯吃補給食品的時機，反而還會讓整體狀態變差。在這裡就要來一一檢證攝取補給食品的正確時機。

比賽後別忘了立即吃點補給食品！

➡ 賽後30分鐘內要補給醣份

體能訓練的強度越高，作為能量被消耗掉的醣份就份外不足。體內的醣份一旦見底，身體就會燃燒蛋白質來取得能量，這也表示身體將會分解肌肉以取得蛋白質。這樣一來，肌肉的疲勞回復會變慢，因此要盡早補給醣份。有食慾的話，烏龍麵、義大利麵、飯糰、固體補給食品等都可以。要是吃不下東西，至少含顆糖在嘴裡也好。

➡ 即刻補給檸檬酸迅速回復疲勞

檸檬酸是回復疲勞的救世主。柑橘系的100%鮮果汁含有豐富的糖與檸檬酸，特別值得推薦。

跑行時間超過4小時就需要補給食品

如果是能以SUB Three的高速步調跑完42．195公里的職業跑者，通常就不會在路上進食，但比賽時間若超過4小時，進入長期抗戰時，不適當予以補給，就很有可能體力耗盡。因此過程中至少要去補給站進食2次，吃些補給食品才可行。進行補給的基準在前半的15～20km前後、後半的30～35km前後各1次。如果光吃補給食品還不安心，可以另外帶一些補充糖份及礦物質的運動用糖果、凝膠狀補給食品等。必要時可少量一口一口地吃。

補給過多醣份會引發肌肉疲勞

醣份在轉化為能量並消耗掉的時候，燃燒時產生的廢氣會釋放到血液中，形成所謂的乳酸。這種乳酸物質如果乘滯留在肌肉裡，就會加速造成肌肉疲勞。比起短

距離全力衝刺的無氧運動，像馬拉松這類更接近有氧運動的情況下，乳酸的產生量已經算少，但由於全程馬拉松的時間較長，產生量自然會逐漸增加。簡單來說，在比賽前半要是吃太多補給食品、補充過多糖份，肌肉疲勞的情況可能會提早發生。因此比賽的前半段，糖份的補給最好少一點比較保險。

靠檸檬酸的威力防止乳酸滯留

檸檬酸能夠燃燒淤積在體內的疲勞物質及老舊廢物，使之無法滯留在體內。在救護站通常會提供柳橙等柑橘類，為了延緩肌肉產生疲勞感的時間，請一定要適當補給。

雖說固體狀補給食品在跑行時進食，可能會難以吞嚥，不過比起凝膠狀補給食品，固體狀甜度較低，較好入口，此外容易攜帶也是優點之一。一口一口慢慢咀嚼也不會對胃腸造成負擔，同時可以有效的補給醣份。不擅長吃凝膠狀食品的人可以試試。

為全程馬拉松準備這些補給食品！

凝膠狀食品

補充糖份時的好選擇。由於體積小，攜帶起來也很方便。攝取時原則上採取小口小口含在嘴裡慢慢嚥下的方式。太甜的話配合水一起吞下。

果凍飲料

沒有果凍那麼甜，喝起來十分順口，但有可能會造成胃脹氣，還是小口小口喝比較安全。

香蕉

除了補給糖份之外，能保持肌肉健康的鉀含量也很豐富。適合平常容易發生肌肉痙攣的人。不過香蕉容易脹氣，千萬別吃多了。

柑橘系水果

最適合用來補給檸檬酸。疲勞感增強時，適時吃一些，相信會讓人感到煥然一新。

最佳狀態的關鍵在於「水」
能夠保持良好狀態的聰明補水訣竅為何？

人類的身體約有60％都是水。只要失去身體裡2～3%的水，
就會陷入脫水症狀，甚至可能造成性命攸關的危險狀態。為了避免陷入脫水症狀，
細心地盡早補給水份，才是安全地完跑全程馬拉松的關鍵所在。

1 小時就會流失1公升以上的水份！

成人1天所需的水份，最低也要2．5公升。而且這是一般人日常生活的所需份量。如果是平常就有在跑步的人，一定要補充更多水份才行。跑步時，水份估計1小時就會流失1公升以上。因此，在進行像全程馬拉松這種流汗量特別高的運動時，絕對要花更多心思，時時為身體補充足夠的水份才行。

可怕的脫水症狀！

脫水是指身體裡的體液，因為出汗或拉肚子、水分攝取不足等原因而陷入匱乏的狀態。如果持續流汗卻不補充水份，脫水症狀將越趨嚴重，不但體溫無法調節，甚至併發中暑。血液內的水份若流失，血會變的黏稠起來，無法順暢流動，身體會感到極度疲勞與脫力。要是繼續惡化下去，血液會近乎凝固，心臟和其它器官內逐漸無法照常運作。最糟糕的情況，甚至會有生命危險。總之，只要有一點點脫水的症狀，就要馬上停下來補充水份。當感到口渴時，其實就已經非常接近脫水狀態了，請務必提高警覺。

早期發現！別忽略了脫水症狀的徵兆

若出現這種症狀，一定要立即補充水份

喉嚨感到強烈口渴
口乾舌燥（無法製造唾液）
頭暈目眩，想吐，
全身無力，手腳發抖

出現脫水症狀時的處理方法

若出現脫水症狀，首先要慢慢地飲用低滲透壓飲料等吸收速度較快的運動飲料。絕對不要一口氣狂灌水。喝1～2杯的量之後，稍微休息一陣子，再喝1～2杯，採取階段性的水份補給。飲料的溫度最好在10°C前後，稍冷的飲料能更快被身體吸收。不過，要是脫水症狀已出現頭痛、頭暈想睡的情況時，最好還是到醫院去吊點滴，把水份徹底補回來才行。

用生薑來消除疲勞！

全程馬拉松之後的水份補給，只要多一道功夫就能消除疲勞
為疲勞的胃補給「生薑」吧！

全程馬拉松之後，不只是肌肉，內臟也都疲累不堪。尤其胃本身就是很容易疲勞的臟器，這也是為什麼很多跑者在比賽過後會沒有食慾。此時，最派得上用場的就是薑酮・生薑油這種生薑裡的辛辣成份。薑酮具有擴張血管的效果，能夠促進血液循環，讓胃能回復良好的運作狀態。再者，生薑油有抗氧化作用。把磨成泥的生薑放入水中，用火煮約5分鐘，把生薑泥濾掉，加進蜂蜜之類帶甜味的調味料，繼續再煮一陣子，完成的薑湯能夠充份地療養全程馬拉松後備感疲勞的胃。此外，還因為具有促進血液速度的效果，能夠讓淤積在體內的疲勞物質快速代謝掉，對回復疲勞很有效果。用市面上賣的生薑就可以了，請務必試試。

生薑是現在相當受到歡迎的食材。不但能療癒疲勞的胃，還能促進血液循環。讓疲勞迅速消褪。

等滲透壓、低滲透壓、礦泉水…
哪種才是最能有效滋潤跑者身體的水？

市面上陸續發售了多種針對體內吸收速度而研發的運動飲料。
目前市面上的主流運動飲料可粗略地分為等滲透壓及低滲透壓兩大類。
這兩種運動飲料有何不同、和礦泉水又有哪裡不同，瞭解背後的知識，才能更有效率地水份補給。

等滲透壓飲料

為身體補充能量和礦物質！

等滲透壓飲料中，含有和人體體液同樣比例的鹽份，並調合了多種礦物質。滲透壓設定得和人類的體液相同。所謂的滲透壓，指的就是人體細胞壁內外的礦物質濃度的落差，藉由將飲料的滲透壓調至與人類的體液相同，讓細胞可輕易地吸收飲料中帶來的礦物質。總而言之，等滲透壓的飲品，可說是最適合用來補充能量和礦物質的飲料。不過，若醣份的比例過高，水份的吸收率就會下降。因此，在大量流汗的情況下，用水沖淡2～3倍再喝的，就能確保水份的吸收度了。

最佳給水時機！

原則上以開始流汗前為準。在比賽開始前就先補給！

飲用等滲透壓飲料的最佳時機是在流汗之前。原因在於這種飲料的醣份都控制在絕妙的平衡點。想把醣份著積在身體裡，防止中途體力耗盡的人，務必在比賽前飲用。但是，考量到等滲透壓飲料的水份要花較長時間才能吸收至體內，最好在比賽前1小時飲用。再者，由於流汗而失去水份後，體液也會逐漸呈現濃稠的狀態。這時體液的滲透壓就變得比等滲透壓飲料低了，水份的吸收速度也會變得更慢。要是大家流汗，請配合礦泉水一起飲用，提升補給效果。

低滲透壓飲料

大量流汗後以水份迅速滋潤身體！

顧名思義，低滲透壓飲料的滲透壓設定得比等滲透壓飲料要低。此外，等滲透壓飲料的醣份控制在8％，而低滲透壓飲料則略低為6％左右。由於醣份較低，低滲透壓飲料的水份被身體吸收的速度也得以提高。此外，當身體因為流汗而致使體液變濃稠、體內滲透壓下降，補給滲透壓原本就設定較低的低滲透壓飲料，體內的水份吸收效率也不會大幅下降。停留於胃部的時間也較短，不太會發生一肚子水、跑起來咕嘟咕嘟響的不舒適感。

最佳給水時機！

最適用於體能訓練中、後／比賽中、後！

在大量流汗後，利用低滲透壓飲料補充水份的效果是一等一的好。不過，隨著流汗量增加，體液不斷變濃，就算是低滲透壓飲料，吸收效率還是可能因此下降。這時就把低滲透壓飲料沖淡2倍，就能繼續確保良好的吸收效率。附帶一提，馬拉松選手特製的飲料，多半都是用低滲透壓飲料加水調配而成。在訓練或比賽之後，飲用放溫度較低、約10℃左右的低滲透壓飲料，更能提升吸收效率，快速地滋潤體內每個角落。

礦泉水

礦泉水不行嗎？

礦泉水（淡水）並不適用於大量流汗後補充水份。身體因為出汗而流失掉大量鹽份和礦物質，造成體內的鹽份和礦物質含量下降，身體就會為了避免鹽份及礦物質濃度繼續降低，而開始拒絕吸收水份。其結果就是造成脫水症狀加劇。這種反應稱為自發性脫水。因此在大量流汗時，必須補給含有鹽份或礦物質的水份。無論如何都受不了運動飲料甜味的人，可以花點巧思，先舔一點點鹽再喝運動飲料也行。

含氧水、含氫水有什麼作用？

在礦泉水中打入高濃度的氧或氫，就成了含氧水、含氫水。含氧水可以在身體細胞缺氧時，更快速地供給氧氣。另一方面，含氫水裡的氫氣和細胞內的氧相結合，還原成水，達到擊退細胞內活性氧的效果。也因此，這兩種水是在維持身體狀態上相當重要的礦泉水，進行體能訓練的日子最好每天都充份飲用。

含氧水可以回復身體疲勞，含氫水則可以發揮擊退活性氧的功用。

柑橘類果汁

對於水份吸收效率不彰卻可補給檸檬酸

柑橘類果汁並不適合用來補給水份。像柳橙汁、葡萄汁等，糖分都在10％以上，水份的吸收效果自然不好。不過，如果是想要攝取果汁中能夠回復疲勞的檸檬酸，倒是可以和低滲透壓飲料一同在訓練或比賽後飲用，可收到相當棒的效果。

果汁類飲品的主要用途不在於補給水份，請以吸收其它營養素為原則來飲用。

安全·放心地完跑全程馬拉松
「有效補給水份的方法」

人的身體所能儲存的水量，有一定的限度。就算在比賽前想多補充點水份，而一口氣喝下大量水份，
也無法充份地滋潤細胞。這時特別必須注意的，是將水份慢慢地推往體內，
讓體內每個角落都能補充到足夠的水份，也就是水份負荷的概念。現在就來一起仔細想想，
該怎麼樣才能做到成功的水份負荷。

02

正式比賽前3天是關鍵期！

自比賽前3天起，正式進入水份負荷期間。喝水時不要一口氣狂飲大量水份。每次喝水份量上限設定在250～300cc，一天內分為小份量不斷為身體補水。總量定在2.5公升左右。不過，要是因為進行體能訓練而有多流汗的話，就多喝500cc補回來。利用這個作法來擴大細胞的儲水槽吧。

01

平日就要養成多喝水的習慣

隨時要記得人體有約60%都是水份，就像為身體補充營養，平常就要用足夠的水份滋潤細胞，這是極為重要的事。細胞如果能充分含水，新陳代謝會隨之變得活潑，體能狀態才能保持良好。尤其是以全程馬拉松為目標，每天都仕進行體能訓練的跑者，在開跑之前至少要補充500cc水份才行。

04

比賽中經過給水點時一定要強迫自己補水！

一般來說，賽程中每2.5公里或5公里就會設有給水點。請記得「口渴＝輕度脱水症狀」，即使口不渴，在經過給水點時也要補充水份。至少每過15分～20分就要補充100～150ml（紙杯大約一半～全的份量）的水份。就算只是少量，也要確實地補充水份。大口喝下大量水份，則會造成腹脹，要盡量避免。到了比賽後半，若感到流汗量增加，不妨含著帶鹽份的糖果或舔些鹽再喝水，這樣就能夠有效地為身體補給水份。

03

水份補給開始前2小時是最重要時期

比賽前的2個小時，正是慢慢灌滿身體儲水槽的重要時間。身體一次能吸收的水份大約在500cc左右，如果一口氣喝下大量水份，只會造成頻尿，對比賽有害無益。因此，吸收效率不佳的礦權水（淡水）只通用到比賽當天開跑前2小時，接著依序飲用等滲透壓飲料→低滲透壓飲料，每30分飲用500cc，直到正式開跑。

在救護站聰明補水的方法與注意事項
避免選用救護站裡的高糖分飲料

比賽中不可以飲用糖份過高的飲品。由於無法迅速被身體吸收，飲料留在胃裡的時間一旦變長，除了肚子痛，還可能引起突然的嘔吐。經過救護站時，盡可能選擇運動飲料吧。

紙杯要這樣用

直接就著紙杯喝的話，飲料很容易嗆進鼻子裡

這時…

用手把把紙杯的邊緣捏起來。

從被手指捏起的較窄處，一點一點地把水含進嘴裡。

快來實際測試一下
你的訓練成果！

Marathon Race Guide
馬拉松大會導覽

差不多所有訓練都完成了！當你開始這麼想時，就是放膽挑戰全程馬拉松的時刻了。
好不容易完成了6個月的訓練課程，要是不實際測試一下培養出來的實力，也太可惜了。
在此要為這些躍躍欲試的挑戰者們，介紹國內外各個著名馬拉松盛會，
要是從中找到了想參加的賽事，千萬別猶疑，馬上就開始準備＆報名吧！

台灣著名的馬拉松大會 Pick Up!!

在此為各位想要挑戰全程馬拉松的跑者，介紹國內各著名盛會。
初次挑戰的你，一定也可以完跑全程！

12月舉行

台灣最大規模國際馬拉松大會
台北馬拉松

說到台灣的馬拉松，自然就是每年年底舉行的台北馬拉松了。來自全球各地的跑者齊聚一堂，一同跑遍台北市街。參加人數更是高達45,000人，是國際級規模的馬拉松盛會。路線從3km～全程馬拉松42.195km都有，可以依自己的能力報名參加。每年的路線不盡相同，不過多以台北市民廣場做為起終點，途中經河濱公園折返。詳細路線請洽中華民國路跑協會查詢。報名沒有特別限制，要是心動了，何不馬上行動！

每年都會有世界各國的選手、跑者來到台灣共襄盛舉。平時的交通幹道此時都成了跑者奔馳的天堂。讓你重新體會台北這座城市！

數萬參加跑者聚集在起點·台北市民廣場。人山人海，氣勢非凡，現場氣氛更是有如嘉年華會般，開心又熱鬧。

DATA 舉辦日：每年12月
地點：台灣·台北 路程：42.195km
／21.0975km ／9km ／3km
詳細資訊：www.sportsnet.org.tw

12月舉行

穿梭在世界級峽谷風景區中
太魯閣峽谷馬拉松

太魯閣峽谷不僅是台灣的國家公園，更是世界少有的頂級風景。可以穿梭奔馳在絕色美景之中，同時呼吸清新的山林空氣，正是太魯閣峽谷馬拉松的最大魅力之一。路線以東西橫貫公路牌樓為起點，行經亞泥鳳凰林、太魯閣大橋、舊台九線、錦文橋、舊台八線，於天祥折返，回到太魯閣國家公園管理處，剛好42.195km（路線每年會有所調整，別忘了向中華路跑協會確認哦）。挑戰全程馬拉松的同時，還能一同欣賞沿路的壯觀景色。限額10,100名，把握機會趕緊挑戰看看吧！

DATA 舉辦日：每年11月 地點：台灣‧太魯閣
路程：42.195km／21.0975km／5km
詳細資訊：www.sportsnet.org.tw

在陡峭壯觀的峽谷景色中，出現了眾多馬拉松跑者，形成了獨特的畫面。平時少有機會可以在這樣的地段下車遊覽，只有在馬拉松時，才能用雙腳一一感受太魯閣峽谷的風情。

起跑點東京橫貫公路牌樓聚集了來自各方的參加跑者，將峽谷中的公路擠得水洩不通。

3月舉行

奔馳在大都會的高架橋上
台北國道馬拉松

平常若非使用汽機車，行人根本無法進入、總是車水馬龍的高架橋，在台北國道馬拉松的這一天，卻成了跑者們的天下！國道馬拉松的地點，就是18標高架橋，於中山高速公路五股－汐止高架路段，進行來回折返跑行。參加者限額共10,000人，想要體會跑行在平日穿流不息的高架橋上是什麼滋味的跑者，可千萬別錯過了！

（左）行車的蹤跡全數消失，成為跑者天堂的18標高架橋。蜿蜒的人龍似乎比大塞車時的車陣更有氣勢！（右）每年都有來自世界各地的跑者前來參加，萬人一同在國道上起跑，氣勢驚人。

DATA 舉辦日：每年3月第三個星期日
地點：台灣‧台北18標高架橋 路程：42.195km／21.0975km／10km
詳細資訊：www.sportsnet.org.tw

7月舉行

呼吸山林的氣息
陽明山國家公園路跑賽

每年夏天在陽明山舉行的陽明山國家公園路跑賽，分為半程馬拉松（21.0975km）的越野路跑組及5.45km的全民健跑組，半馬限時在3小時30分跑完。對於想先嘗試挑戰半馬的跑者而言，是具有挑戰性的好選擇。路經湖山路、竹子湖，平時多是在休閒散心時才會造訪陽明山，如今卻成了自我挑戰的賽場，不過同時可以欣賞美麗的風景、呼吸芬多精，相信能跑得十分愉快。另外，雖然是在炎熱的7月舉行，不過場地位在山上，還是要多注意氣候的變化哦！

（左）以濃密的山林為背景，眾跑者們在起跑點上蓄勢待發。（右）山上的林間大道成了馬拉松的賽場。不乏有上下坡的路段，跑行時一定要記得6個月的訓練內容，不要在上坡時衝過頭囉。

DATA 舉辦日：每年7月 地點：台灣‧陽明山 路程：21.0975km／5.45km 詳細資訊：www.sportsnet.org.tw

下定決心去挑戰！
令人憧憬的海外全程馬拉松大會

機會難得，真想參加看看台灣以外的各國馬拉松大會！
這樣想的跑者，相信一定不在少數。在此就為各位介紹各個世界著名的全程馬拉松大會。

Japan

2月舉行

35,000名跑者一齊跑遍東京
東京馬拉松

自2007年開辦以來，每年都有眾多跑者報名參加，必須透過抽選，才能擠進東京馬拉松參加者的行列，人氣非凡。自東京都廳出發，跑至終點TOKYO BIG SIGHT（東京國際展示場），全程42.195km。除了東京馬拉松外，開辦前一週東京也會舉行各種馬拉松相關活動，整個城市進入馬拉松嘉年華會的熱潮。請密切注意東京馬拉松的各種資訊情報吧！

DATA 舉辦日：每年2月 地點：日本‧東京
路程：42.195km／10km
詳細資訊：http://www.tokyo42195.org/2013_cht/

起跑點是位置東京市中心的東京都廳，讓跑者能夠帶著觀光的心情盡情跑遍東京的中心地帶。不過由於報名人數眾多，抽中的機率不高，請不要放棄多挑戰報名看看。

Britain

4月舉行

4萬人一齊跑遍倫敦市區
維京倫敦馬拉松

每年都有超過4萬人參加，是世界最大規模的運動活動之一。也因此，抽選的倍率比東京馬拉松還高，要參加還選十分地不容易…。自2010年贊助廠商改為維京集團，大會的名稱也因此改名為「維京倫敦馬拉松」。

每年總是從世界各地湧入欲參加的跑者！與東京馬拉松一樣，需經過抽選才得以參加，機會十分難得。伊麗莎白塔（大本鐘）、倫敦大橋等，可以跑行於倫敦各個著名觀光景點，也是其最大魅力之一。

DATA 舉辦日：每年4月
地點：英國‧倫敦
路程：42.195km
詳細資訊：http://www.
virginlondonmarathon.com/

USA

12月舉行

著名全程馬拉松活動
JAL 夏威夷火奴魯魯馬拉松

從馬拉松初學者到熟練的專家，每年都有廣泛的跑者開心完跑，是世界最大規模的城市馬拉松。而其中竟有超過6成的參加者，是來自日本的跑者。大會當天，整個歐胡島都被濃濃的嘉年會氣氛包圍，熱鬧非凡。

説到夏威夷的全程馬拉松大會，就是火奴魯魯馬拉松了。由於沒有時間限制，可以帶著輕鬆的心情參加，最適合第一次挑戰全程馬拉松的跑者了。心動了？不如馬上行動！

DATA 舉辦日：每年12月左右 地點：夏威夷‧歐胡島 路程：42.195km 詳細資訊：http://www.honolulumarathon.org/

4月舉行   Korea

開心地奔馳在「東洋的夏威夷」
濟州馬拉松

整年的氣候都溫暖宜人，因而被稱為「東洋的夏威夷」的韓國濟州島。以此為舞台的就是濟州馬拉松。路線規劃在沿海公路上，對於初次挑戰全程馬拉松的跑者

而言，是比較能夠成功的路線。大會前一天會舉行盛大的會前派對，不但熱鬧非凡，還可以趁機認識同好。

限制時間為6小時，可能需要加一把勁才行。不過規劃的路線難度不高，即便是新手跑者，也可能順利完跑。

DATA   舉辦日：每年3-5月間   地點：韓國‧濟州島
路程：42.195km ／ 21.0975km ／ 10km
詳細資訊：http://www.jejumarathon.com/

7月舉行   Australia

輕鬆愉快地奔馳在美麗的海岸線上
黃金海岸馬拉松

每年約有超過2萬人參加的盛會。路線設計多在平坦的道路上，是十分適合入門跑者挑戰紀錄更新的賽事。

此外，補水休息站在開跑後3km處，之後每2.5km就設有一站，運動飲料的補給站則是每5km設有一站，服務非常貼心。

雖然有時間限制，不過卻是讓人跑起來舒暢愉快的馬拉松大會。黃金海岸優美的風景讓人心曠神怡。

DATA   舉辦日：每年7月   地點：澳洲‧黃金海岸
路線：42.195km ／ 21.0975km ／ 10km ／另有兒童路線
詳細資訊：http://www.goldcoastmarathon.com.au/

USA

洛杉磯馬拉松

美國西岸最大的馬拉松大會，是世界著名的盛會。路線經由好萊塢及比佛利，最後在聖莫尼卡海岸抵達終點，盡是洛杉磯最著名的各個名勝景點。這也是洛杉磯馬拉松大會高人氣的最大原因之一。

DATA
○舉辦日：每年3月   ○地點：美國‧洛杉磯
○詳細資訊：http://www.lamarathon.com/

Italy

羅馬城市馬拉松

在充滿著世界遺產、名勝古蹟的羅馬市內進行的馬拉松，路線也是設定在各觀光景點間，時間的限制也十分充裕，足足有8小時。許多跑者都是抱著一面觀光、一面跑行的心情來參加。即便是第一次挑戰全程馬拉松的跑者，相信也一定可以完跑！

DATA
○舉辦日：每年3月   ○地點：義大利‧羅馬
○詳細資訊：www.maratonadiroma.it

Canada

溫哥華馬拉松

被喻為世界上最適宜居住的城市，於溫哥華舉行的馬拉松大會。路線中會經過城鎮、海岸、山林，風景豐富多變，即便跑了42.195km，也絕對不會膩！適合第一次挑戰的新手跑者。

DATA
○舉辦日：每年5月第一個星期日   ○地點：加拿大‧溫哥華
○詳細資訊：http://www.bmovanmarathon.ca/

Germany

柏林馬拉松

路線起伏小，多為平坦道路是其特徵，每年都會在此大會誕生更新世界紀錄的跑者，也是柏林馬拉松備受矚目的原因之一。另外，柏林的氣候最適合全程馬拉松，即便是新手跑者，也可以在限制時間內跑完全程！

DATA
○舉辦日：每年9月   ○地點：德國‧柏林
○詳細資訊：http://www.bmw-berlin-marathon.com/en/

鐵人三項
入門全能攻略

目標！51.5km完賽
TRIATHLON START BOOK

BiCYCLE CLUB

鐵人三項
入門全能攻略
一書搞定鐵人三項！
也用品選購到訓練方法

監修／台灣太郎 ATHLONIA TRIATHLON 學院

RUN・BIKE・SWIM
教戰手冊

136頁 NT$288

打破體能極限
實現鐵人精神！

努力遠比才能更為重要，
鐵人三項就是這樣的極限運動。
本書從用品選購、基礎技術訓練到賽前調整安排，
為初學者深入簡出地介紹有關鐵人三項的基本知識。
一起加入鐵人三項的世界，
體驗打破自我極限後的暢快感動！

LOHO
PUBLISHING
樂活文化

6個月訓練課程
馬拉松完走
不是夢

Run! to Your Goal

LOHO 編輯部◎編

董事長　　根本健
總經理　　陳又新
企劃編輯　道村友晴
執行編輯　李衣晴、陳怡樺
文字編輯　廖原淇
美術編輯　tansform design
　　　　　chenleodesign@gmail.com
財務部　　王淑媚
發行部　　黃清泰

發行出版　樂活文化事業股份有限公司
地址　　　106 台北市大安區延吉街233巷3號6樓
電話　　　02-2325-5343
傳真　　　02-2701-4807

戶名　　　樂活文化事業股份有限公司
劃撥帳號　50031708
訂閱電話　（02）2705-9156
台灣總經銷　大和書報圖書股份有限公司
地址　　　新北市新莊區五工五路2號
電話　　　（02）8990-2588
印刷　　　科樂印刷事業股份有限公司
售價　　　新台幣350元
版次　　　2012年7月初版

ISBN 978-986-6252-34-1

馬拉松完走不是夢！：6個月訓練課程／樂活文化
編輯部編；黎尚肯譯. —— 初版. —— 臺北
市：樂活文化，2012.07
面；　公分
譯自：フルマラソンを完走するための6ヶ月ト
レーニング
ISBN 978-986-6252-34-1（平裝）

1.馬拉松賽跑 2. 運動訓練

528.9468　　　　　　　　101013551